a michel et

Philippe Contamine

Françoise Pérombelon

Azincourt

en souvenir de

votre visite à

la gentillesie

en amical hommage

Ph. Contamine

Gallimard

La première version de cet ouvrage a été précédemment publiée
dans la collection Archives,
dirigée par Pierre Nora et Jacques Revel.

Crédits photographiques :

1, 4, 5 : BNF. 2, 3 : Gilles Mermet / La Collection. 6 : akg-
images / Gilles Mermet. 7 : *L'Histoire* n° 380, octobre 2012 (p. 45).

Historien, médiéviste, Philippe Contamine a consacré de nombreux ouvrages à la noblesse, la guerre, la politique et l'économie au Moyen Âge, ainsi qu'à l'histoire militaire de la France et de l'Europe jusqu'au XVIIIᵉ siècle. Il est membre de l'Institut (Académie des Inscriptions et Belles-Lettres) et ancien directeur de la Fondation Thiers (Centre de recherches humanistes).

LA GUERRE À LA FIN DU MOYEN ÂGE

Après trois siècles de progrès presque continus, l'Europe entra, au cours de la première moitié du XIVᵉ siècle, dans une phase très longue de dépression économique dont elle ne sortit tout à fait qu'au début du XVIᵉ. Cette dépression, qui couvrit ainsi toute la fin du Moyen Âge, a revêtu deux aspects principaux : recul démographique et dévastation des campagnes.

On a tenté de mesurer l'un et l'autre de ces phénomènes.

Vers 1340, la France aurait compté 21 millions d'habitants, l'Angleterre 4 millions et demi, l'Allemagne 14 millions ; vers 1470, respectivement 14, 3 et 10 millions, soit un recul de 30 %. Encore s'agit-il là de chiffres moyens. Certaines régions ont davantage souffert : de 1300 à 1450, la Normandie aurait vu tomber sa population de 1 500 000 à 500 000 habitants, la Provence de 400 000 à 150 000.

La dévastation des campagnes s'est traduite, elle, à la fois par le recul des surfaces cultivées et par la disparition de villages entiers. Tel est le phénomène des

« réductions en désert », étudié surtout en Allemagne. Selon les provinces, son ampleur a varié : si l'Alsace, la Franconie, le Wurtemberg ne comptent pas plus de 20 % de localités disparues au cours des XIVe et XVe siècles, la proportion atteint 44 % pour la Hesse, 66 % pour le nord de la Thuringe et le territoire d'Anhalt. L'Angleterre paraît avoir été relativement épargnée : entre 1350 et 1480, les disparitions sont de l'ordre de 10 %. La France a pu connaître des pourcentages comparables à ceux de l'Angleterre, du moins quant aux lieux-dits, car le réseau des paroisses aurait, lui, tenu bon.

La tentation est forte d'expliquer de si profonds bouleversements par la guerre, d'autant plus forte que les contemporains, sensibles surtout aux événements, y ont vu la source privilégiée de leurs maux, l'explication première, bien avant la famine et les mortalités, des misères, des troubles, de l'appauvrissement, du désordre politique et du chaos social. L'Europe malade de la guerre ?

Prenons l'exemple de l'Angleterre, où l'influence économique de la guerre de Cent ans a été récemment étudiée. Pour mener la guerre sur le continent, la monarchie anglaise a formé périodiquement des corps expéditionnaires recrutés sur son territoire. Leur importance numérique paraît relativement faible : la plus grande armée de toute la guerre, celle réunie par Édouard III devant Calais, a compté 32 000 hommes, mais beaucoup n'étaient point anglais. La chevauchée de 1359-1360 vers Reims et Paris a réuni 12 000 hommes, celle du duc de Lancastre, traversant la France de part en part, en 1373, 4 000 hommes. Henri V, en 1415, débarqua à Harfleur avec 6 000 hommes. Pour la conquête de la Normandie, à partir de 1417, il a disposé de 10 000 hommes. Bref, les armées anglaises n'ont représenté que 0,3 à 1 % de la population totale de l'Angleterre et du pays de Galles ; si l'on songe d'autre part qu'elles groupaient surtout des nobles et leurs serviteurs, par conséquent des gens étrangers, même en temps de paix, au monde du travail, on peut conclure que le recrutement des armées n'a pratiquement pas modifié le marché de la main-d'œuvre et donc la production.

De plus grave conséquence, en revanche, peuvent paraître les ponctions fiscales opérées sur les Anglais en vue de solder les opérations militaires sur le continent. Entre 1336 et 1453, le Parlement anglais a voté un certain nombre de subsides qui, levés de façon intermittente sous Édouard III, ont donné lieu à une imposition quasi régulière de 1371 à 1422, puis se sont espacés après 1422 : leur total monte à un peu plus de £ 2 millions, auquel s'ajoutent £ 1 million payées par le clergé et £ 5 millions produites par les impôts indirects, en tout £ 8 millions, l'équivalent de 40 à 50 millions de livres tournois. Mais, en contrepartie, les Anglais ont profité au maximum du continent : ils en ont tiré le produit des rançons et des butins, les revenus des fiefs français confisqués à leur profit, les impôts levés dans la France « occupée », les indemnités provenant des capitulations. Par ailleurs, les impôts indirects, qui grevaient les marchandises

exportées d'Angleterre vers le continent — avant tout
la laine — et en majoraient le prix, ont pesé en réalité
davantage sur les acheteurs étrangers que sur les pro-
ducteurs et les vendeurs anglais. Au total, l'Angleterre
n'a rien perdu à la guerre : ce « premier essai de colo-
nialisme » (Kenneth B. McFarlane) augmenta sa
richesse, du moins celle des combattants — comme
d'ailleurs l'ont pensé, dans une naïveté exempte de
tout calcul économique, la plupart des contemporains.
Et pourtant, les profits de ses victoires n'ont pas empê-
ché l'Angleterre d'être atteinte, elle aussi, par la dépression des XIVe et XVe siècles, comme les autres pays
d'Occident.

Le cas de l'Angleterre reste cependant exception-
nel : c'est celui d'un pays presque constamment victorieux dans un conflit qui s'est quasi tout entier
déroulé hors de ses frontières. Les sujets du roi de
France, tout comme les Anglais, ont dû payer les
impôts nécessaires à l'entretien des armées — d'autant
plus lourds que les effectifs réunis par les Valois ont
toujours été supérieurs à ceux de leur adversaire, sauf
peut-être entre 1420 et 1445. Jusque vers 1350, le roi
de France a pu disposer, pour des périodes, il est vrai,
limitées à quelques semaines chaque année, de 40 000
combattants soldés, auxquels il convient d'ajouter un
nombre au moins égal de non-combattants à leur service. La destruction d'une très grande partie des archives financières de la monarchie rend presque
impossible l'évaluation globale des sommes versées
par les Français pour la poursuite de la guerre. Quel-

ques comptes ont été épargnés : ils permettent de chif-
frer les dépenses militaires, pour 1340 à 5 millions de
livres tournois, pour 1372 à 600 000 livres tournois (il
est vrai en « faible monnaie »), pour 1450 à
1 500 000 livres tournois. De plus, davantage que
l'Angleterre, la France s'est constamment servie de
troupes étrangères qui, en regagnant leur pays d'origine, ont opéré un transfert d'or au détriment du
royaume. Une grande partie des rançons et des butins
amassés par les Anglais n'a pas été dépensée en
France, elle est venue grossir le stock monétaire de
l'Angleterre. Mais surtout, la France a subi sur son sol,
pendant plusieurs générations, les dévastations des
gens de guerre, amis et ennemis.

Ce sont ces dévastations qu'il faudrait pouvoir éva-
luer : si l'on excepte le brigandage endémique qui, à
plusieurs reprises, s'est répandu sur presque toute la
France, mais a constitué davantage une gêne dans la
vie quotidienne qu'un véritable cataclysme économique, les effets catastrophiques de la guerre ont pesé
surtout sur les régions traversées par les grandes chevauchées et sur les zones où les activités militaires se
sont concentrées en permanence. Or les grandes chevauchées sont rares : une dizaine au plus entre 1340
et 1380. Les destructions qu'elles provoquent sont
limitées à d'étroits couloirs. La plus longue de ces
expéditions, celle du duc de Lancastre, en 1373, prolongée sur 1 000 kilomètres environ, n'a pas dû toucher plus de 10 000 kilomètres carrés. Quant aux
régions où les gens de guerre, installés en garnisons,

se sont battus régulièrement, elles constituent des marches militaires peu nombreuses : jusqu'en 1400, dans le sud-ouest, les territoires en bordure de la Guyenne anglaise ; au nord, ceux entourant Calais. C'est après 1415 que les ravages ont pris leur plus grande extension, jusqu'à englober une zone très vaste, comprise entre la Champagne et la Normandie, d'une part, la Loire et la Somme, d'autre part. Là, effectivement, des villages entiers ont disparu, les friches et les broussailles ont remplacé les terres labourées, les limites des seigneuries et des tenures ont été oubliées. Quand, après 1460, la reconstruction agraire commença, elle s'opéra souvent dans des terroirs vides d'hommes, incultes, où tout était à refaire.

Ainsi, même en France, les dévastations de la guerre ont été circonscrites à certaines régions. On ne s'y est battu ni partout ni tout le temps. *A fortiori* en Allemagne, les conséquences économiques de la guerre sont-elles moindres. Les 1 200 villages détruits dans l'Allemagne du sud-ouest au cours des luttes urbaines de la fin du XIVe siècle, les 1 500 villages disparus en Bohême à la suite des guerres hussites, les ravages des *Brandmeister* qui font incendier par leurs colonnes volantes villages et récoltes autour des villes de Souabe et de Wurtemberg ne suffisent pas à expliquer l'ampleur des « réductions en désert » qu'a connues toute l'Allemagne à la fin du Moyen Âge (Wilhelm Abel).

La guerre ne permet pas à elle seule d'expliquer la crise économique des XIVe et XVe siècles : elle n'en est qu'un des éléments. À côté d'elle, intervint un changement climatique qui a affecté, semble-t-il, alors l'ensemble de l'Europe : hivers plus froids et plus longs, étés pluvieux, exaspération des contrastes cycliques, provoquant des séries anormales de récoltes médiocres ou catastrophiques. D'autre part, une relative disette de métal précieux s'est manifestée, provoquée par la baisse de la production dans les mines allemandes et tchèques. Enfin, les épidémies qui se sont abattues sur l'Occident à partir de 1315, et particulièrement la Peste noire entre 1347 et 1351, puis entre 1358 et 1360, entre 1373 et 1375, enfin de façon plus espacée à partir de 1380, ont été infiniment plus responsables du recul démographique et de la pénurie d'hommes que la guerre ; elles ont entraîné un mouvement inverse de celui qu'a connu la période précédente avec les grands défrichements : l'abandon des terroirs marginaux, les moins productifs.

C'est à partir de ce double phénomène — disette d'or et disette d'hommes — qu'on a tenté d'expliquer ces traits fondamentaux de l'économie à la fin du Moyen Âge : la baisse des prix céréaliers et la hausse des salaires agricoles. Pour le producteur, cela s'est traduit par une augmentation du prix de revient et une diminution du prix de vente : la réduction de son profit ne l'incitait pas à produire davantage. À la trilogie caractéristique des XIe, XIIe et XIIIe siècles — population croissante, stock monétaire plus abondant, prix ascendants — correspondrait ainsi, en un contraste

saisissant, celle des XIVe et XVe siècles — baisse bru-
tale de la population, prix descendants, stock monétaire étal.

Si, malgré tout, le poids de la guerre dans cette crise
économique est réel, c'est dans trois directions surtout
qu'on peut le mesurer : d'une part, en effet, la ponc-
tion fiscale opérée par les États afin de mener leurs
guerres a eu comme résultat de soustraire au circuit
économique productif une bonne part d'un stock
d'espèces monétaires déjà insuffisant pour la consacrer à une activité soit de consommation, soit de
destruction : l'accumulation des capitaux par les par-
ticuliers s'est faite plus malaisément. — D'autre part,
les nécessités de la défense ont contraint à édifier et
à entretenir tout un réseau fortifié : ainsi s'est trouvée
accaparée une main-d'œuvre considérable. Telle ville
de France, à la fin du XIVe siècle, décide d'agrandir ou
de compléter ses remparts : elle y consacre pendant
dix ans le quart de son budget. La voilà incapable de
construire un moulin ou une halle, de refaire les
chaussées conduisant à ses portes, de lancer un pont
sur sa rivière. — Enfin, la menace de la guerre, con-
juguée avec celle de la peste, a peut-être détruit, avec
la confiance en l'avenir, un certain élan créateur. Il
avait fallu à l'homme du XIIIe siècle cette foi en l'avenir pour entreprendre des défrichements dont il ne
tirait point un bénéfice immédiat ou pour édifier une
cathédrale où il n'entendrait peut-être jamais la
messe ; pour l'homme du XIVe siècle, la vie est courte,
les temps sont incertains, ses biens sont menacés : une

troupe de gens de guerre, survenue à l'improviste, risque de brûler sa récolte, de couper ses arbres fruitiers, d'abattre son bétail. À quoi bon alors multiplier les efforts, accumuler des biens qui sont autant de proies faciles et tentantes ? Il lui suffit d'assurer vaille que vaille sa subsistance quotidienne.

Comme les autres activités humaines, la guerre a profité des progrès techniques qui, au même titre que la dépression économique, ont donné son caractère original à la fin du Moyen Âge. Elle en a profité, elle les a également suscités. Dans son domaine, ces progrès concernent d'abord l'armement des combattants. C'est vers 1450 que l'armure atteint son apogée, combinant désormais l'usage des mailles et celui des plaques de métal — fer ou acier — recouvrant totalement le corps de l'homme d'armes. L'épaisseur de ces plaques augmente : à côté des armures à « demi-épreuve », susceptibles de résister à la flèche de l'arc, les armures à « épreuve » ne sont pas entamées par le carreau de l'arbalète. Il semble, d'autre part, que la qualité du métal soit meilleure, le travail plus soigné, plus fini. L'armure, objet de luxe tout autant que production utilitaire, se rehausse d'étoffes somptueuses ou d'orfèvrerie ; Charles le Téméraire va jusqu'à prévoir, dans son règlement de 1474, le nombre et la couleur des plumes qui doivent orner les casques de ses cavaliers. Les armes se modifient : c'est ainsi que les systèmes destinés à tendre l'arbalète sont de plus en plus variés et précis. L'architecture militaire connaît alors

ses derniers perfectionnements avant que l'usage de
l'artillerie ne vienne changer radicalement les techniques de la défense. Édifié par le duc Louis d'Orléans
à partir de 1390, le château de Pierrefonds fait partie,
avec Vez, La Ferté-Milon, Montépilloy, Crépy, d'un
ensemble de forteresses destinées à couvrir et à protéger son apanage du Valois. Toutes sont munies
d'un double étage de défense : le premier, au sommet de la muraille, traverse les tours et permet une
circulation ininterrompue tout autour de l'enceinte ;
il est constitué par une galerie portée sur mâchicou-
lis ; dans la partie pleine de ses créneaux, des meurtrières cruciformes sont aménagées pour le tir des
arbalètes. Le second étage, chemin de ronde en simple encorbellement, est destiné à la fois à couvrir le
premier et à éloigner les assaillants. Ainsi chaque
tour n'est plus un centre de défense isolé ; elle est
reliée organiquement au reste du château. À Pierrefonds pourtant, rien ne semblait prévu pour l'artillerie. Édifié cinquante ans plus tard, le château de
Rambures est muni de casemates et de canonnières ;
ses quatre grosses tours d'angle, en brique, sont réunies
par des murailles courbes sur lesquelles pouvaient glis-
ser les boulets ennemis. À la fin du XVe siècle enfin,
simultanément en France et en Italie, les murailles
s'épaississent et s'abaissent, un large boulevard les
protège : la réunion de ces deux éléments donne naissance au bastion de l'époque moderne. Mais la grande
révolution des XIVe et XVe siècles est évidemment,
avec l'introduction de la poudre à canon, l'usage des

armes à feu. Utilisées d'abord pour la défense et l'attaque des places et des nefs de guerre, conjointement avec les moyens traditionnels, elles ne sont pas employées comme artillerie de campagne avant le milieu du XVe siècle. La multiplication des types permet une adaptation constante aux besoins ; ainsi, vers 1430, apparaissent les couleuvrines à main, qui commencent à concurrencer, dans l'infanterie, les armes de jet habituelles.

Les conséquences de ces progrès ont été de tout ordre. Certaines villes deviennent des centres spécialisés dans la fabrication de l'armement. Leur renommée peut être internationale : de Milan, des armures sont expédiées périodiquement vers la France ; soigneusement protégées par un emballage de chanvre, certaines sont réalisées d'après un mannequin aux mesures de l'acheteur. En même temps, les dépenses de guerre augmentent, dans la mesure où l'équipement et le matériel sont plus abondants et plus coûteux. Au début du XIVe siècle, l'équipement d'un homme de pied, qui atteint en France 40 sous tournois, à une époque où il est payé entre 1 sou et 1 sou 3 deniers par jour, représente entre 30 et 40 jours de solde ; vers 1460, l'équipement destiné au franc-archer s'élève à 15 livres tournois ; puisque ses gages en campagne sont désormais de 100 sous tournois par mois, son équipement équivaut à 3 mois de solde. Ainsi, quand en 1466, Louis XI décide de porter le nombre des francs-archers de 8 000 à 16 000, il demande aux contribuables un effort immédiat supplémentaire de 120 000 livres. Durant cette même période de 150 ans, le prix de l'armure du combattant à cheval est passé de 6 livres à 30, alors que ses gages sont passés de 5 sous à 10 sous tournois par jour : vers 1300, l'armure de l'homme d'armes représente 24 jours de solde, vers 1450, deux mois. La fonte des canons, les réparations qu'ils exigent après chaque campagne, la construction des affûts de bois, sur lesquels ils reposent, la fabrication de la poudre et des boulets coûtent également fort cher ; leur nombre enfin augmente sans cesse : entre 1440 et 1490, les dépenses de l'artillerie royale française — la plus moderne d'Europe il est vrai — ont quintuplé, passant de 10 000 à 50 000 livres par an.

Socialement, pourtant, les conséquences de ces transformations techniques apparaissent faibles. Jusqu'à la fin du Moyen Âge, l'homme d'armes, généralement noble, combattant à cheval avec les armes « nobles », la lance et l'épée, reste le guerrier par excellence. Il monopolise le prestige militaire ; combattre dans les rangs de cette cavalerie lourde est un moyen de promotion sociale ; avoir porté le harnois de guerre, au service du prince ou du roi, tend à être considéré comme une présomption de noblesse. L'homme de pied a beau être progressivement mieux protégé, mieux équipé, mieux payé, il continue à être un auxiliaire peu considéré. Mieux vaut être un homme d'armes anonyme au sein d'une compagnie montée que le capitaine d'une bande d'infanterie. Cela est d'autant plus vrai que la fin du Moyen Âge a vu l'effondrement militaire des communes urbaines : presque toujours les villes flamandes se sont fait battre par la noblesse des ducs de Bourgogne. C'est seulement après 1470-1480 que des changements décisifs interviennent, à la suite des succès remportés par les piquiers suisses et les lansquenets allemands, leurs émules. Encore ces succès sont-ils moins le fait de progrès techniques que de progrès tactiques ; leur armement est traditionnel, leur protection faible, mais ils savent manœuvrer par masses et garder leur cohésion, qu'ils attaquent ou subissent les charges de cavalerie. Il existe certes, au XVᵉ siècle, des ingénieurs militaires, spécialistes de l'armement, des machines de guerre, des fortifications ; ils forment un tout petit groupe qui, porté par le grand courant de la Renaissance, est soucieux plutôt de théorie que de pratique. Quant aux techniciens de l'artillerie, ils sont un milieu professionnel, également restreint, de maîtres canonniers, fondeurs et « forgeurs », bien payés, au recrutement cosmopolite, se succédant parfois de père en fils. À ces quelques dizaines d'artisans s'ajoute, pour la durée d'une campagne, une masse de pionniers et de charretiers réquisitionnés à proximité du théâtre des opérations.

Si les progrès de la technique militaire ont provoqué des changements sociaux importants, c'est dans la mesure surtout où le coût croissant de l'armement a accentué le déclin militaire de la classe féodale. Dans la première moitié du XIVᵉ siècle, convoqués à la guerre du roi, les possesseurs de fiefs, vassaux et

arrière-vassaux, fournissent deux types de combattants à cheval : les écuyers et les chevaliers. Cette dis-
tinction, d'ordre avant tout social, a aussi une portée
proprement militaire : le chevalier a un armement plus
complet et plus moderne, il a à sa disposition plus de
chevaux, et de plus grand prix, que l'écuyer. Il reste
que tous deux ont une efficacité et un rôle comparables
sur le champ de bataille, où on les désigne indiffé-
remment sous les termes de « bassinets », d'« armures
de fer », de « lances » ou de « glaives ». Vers 1450-
1500 au contraire, levés pour le ban et arrière-ban, ces
mêmes possesseurs de fiefs ne constituent plus qu'une
force de second plan : neuf sur dix servent comme
« coutilliers », « vougiers » ou « archers », utilisant
ainsi des armes réputées non nobles. Ils ne sont plus
que les auxiliaires des hommes d'armes ; servir à cheval reste leur dernier souci.

Ainsi il est arrivé un moment où le guerrier d'occasion a été définitivement surclassé par le guerrier professionnel, auquel la solde du prince territorial permet
de s'équiper au mieux — quand le prince lui-même
ne se charge pas directement de l'y aider. C'est dire
que les progrès techniques ont joué en faveur de ceux
qui, par leurs ressources, pouvaient en faire un plein
usage. S'il est vrai que « sans l'invention de la poudre
à canon, on ne voit pas comment les princes auraient
réussi à établir leur autorité sur l'ensemble de leur
état » (Ferdinand Lot), c'est que ces princes dispo-
saient des moyens financiers dont dépendait son
emploi. Là où ces ressources ont fait défaut — comme

dans l'Empire — cette autorité n'a pu s'établir, l'unité ne s'est pas réalisée.

Aux derniers siècles du Moyen Âge, l'Occident a utilisé les deux modes fondamentaux de recrutement : le service militaire et le volontariat.

Du XIe au XIIIe siècle, c'est sur le principe féodal qu'a reposé le service militaire : en échange du fief que lui a concédé son seigneur, chaque vassal lui doit l'aide militaire. Ce principe continue à être appliqué aux XIVe et XVe siècles. En France, jusque dans la première moitié du XVe siècle, la levée des possesseurs de fiefs a fourni l'essentiel des effectifs réunis pour les grandes expéditions : les armées de Crécy, de Poitiers-Maupertuis et d'Azincourt sont de ce type. Chacun, sous peine de voir sa terre confisquée, est tenu d'obéir au mandement du suzerain. C'est au cours du XVe siècle que, lentement, le ban et arrière-ban n'a plus constitué qu'une force d'appoint. Cette forme de recrutement disparaît plus tôt en Angleterre, où la dernière levée féodale daterait de 1385. Mais dans l'Empire, durant tout le XVe siècle, le service féodal subsiste. En 1467, la diète d'Empire, procédant à la levée d'une armée de 20 000 hommes contre les Turcs, fournit une liste des contingents : ceux conduits par l'empereur, par les Électeurs ecclésiastiques, par les Électeurs laïques, par les princes ecclésiastiques, par les princes laïques, par les comtes et les barons, par les abbés et les prélats, enfin par les villes libres ou les villes d'Empire. Toutefois, au sein même de ces armées féodales, d'importants changements se sont produits, le plus notable étant qu'elles reçoivent désormais une solde plus ou moins régulière. De plus — tel est le cas pour l'Allemagne à partir du XVe siècle —, souvent les contingents sont fixés avant l'entrée en campagne : si le système féodal donne un nombre insuffisant d'hommes, on complète les effectifs par d'autres moyens. Ce système, d'autre part, avait été conçu pour des guerres courtes et de caractère essentiellement défensif. Or les guerres de la fin du Moyen Âge sont longues, les campagnes s'étendent sur plusieurs mois, au besoin durant la mauvaise saison ; elles prennent un caractère offensif peut-être plus marqué. Enfin, les armées féodales, si elles ne sont pas toujours dépourvues de valeur militaire, restent formées par un assemblage de groupes humains qui obéissent à leurs seigneurs directs avant d'obéir au commandant suprême. La discipline, spécialement sur le champ de bataille, en souffre nécessairement.

Aussi, a-t-on tenté, un peu partout, de faire renaître le vieux principe franc selon lequel chaque homme libre doit le service militaire. Ce principe, qui coïncidait d'ailleurs avec ce qu'on pouvait savoir de l'histoire de la Rome républicaine, à travers, par exemple, les *Décades* de Tite-Live, reçut des applications variées. Dans certains cas, il a été utilisé intégralement : il a donc existé de véritables armées populaires ou « civiques » aux XIVe et XVe siècles, soit à l'échelle d'une ville — les communes de Flandre —, soit à l'échelle d'une région — les cantons suisses ou la Bohème à l'époque des guerres hussites. En France, chaque habitant des villes devait posséder un équipement militaire proportionné à sa fortune. À plusieurs reprises, après 1465, Louis XI a fait ainsi passer en revue tous les Parisiens, alignés hors des murailles, de la Bastille à Charenton : spectacle impressionnant et dérisoire que ces milliers d'hommes, munis d'un armement hétéroclite et groupés sous les bannières de leurs métiers respectifs, les gens du Parlement et de la Chambre des Comptes en tête. Plus fréquemment, on s'est borné à lever un certain pourcentage d'hommes au sein de chaque communauté. En 1431, à l'occasion des guerres hussites, la diète d'Empire, réunie à Nuremberg, proposa par exemple la levée d'un homme sur 20 dans les pays proches de la Bohême, d'un homme sur 25 dans les pays plus éloignés. Mais, en réalité, le principe du service pesant sur tous les hommes a été avant tout utilisé pour tenter d'obtenir un impôt général. Quand il ne propose pas des levées d'hommes, l'Empereur suggère l'établissement d'un impôt de guerre pesant sur tous les habitants de l'Empire, clercs et Juifs compris.

L'emploi par les États de volontaires soldés ne date pas de la fin du Moyen Âge ; il lui est bien antérieur. Déjà Frédéric Ier Barberousse et Henri II d'Angleterre, au XIIe siècle, en avaient fait un assez large usage. Mais ces volontaires jouent désormais un rôle croissant. Recrutés pour un temps relativement court, ils peuvent ensuite être retenus indéfiniment, selon les besoins du prince qui les solde. Rien n'est plus facile que de se procurer ces mercenaires ; la guerre n'a jamais manqué d'hommes. Le seul problème est de choisir les meilleurs et ensuite de les payer. Souvent, les pouvoirs traitent avec un chef de guerre qui s'engage lui-même à se procurer les combattants, tout armés et équipés, selon les effectifs prévus. Tel est le système de la *condotta*, pratiqué non seulement en Italie mais encore un peu partout à travers l'Europe. Très vite, ses dangers sont apparus en pleine lumière. La *condotta* risque de prolonger les guerres au-delà même de la volonté des belligérants, dans la mesure où les armées de ce type sont hors d'état de se dissoudre, une fois la paix conclue. Elle risque d'aboutir à des guerres de convention, où les condottieres, désireux de se ménager mutuellement, hésitent à engager leur capital humain dans la bataille. Elle peut enfin entraîner des révolutions politiques si les condottieres entendent devenir chefs d'État et supplanter les princes qu'ils servent. Autant de menaces qui se sont effectivement réalisées, mais plus rarement somme toute qu'on ne l'a dit, même en Italie. Quant aux condottieres français, ils font piètre figure ; s'ils sont souvent capables militairement, ils manquent d'envergure politique, et sont plus soucieux d'utiliser l'ordre établi que de le renverser à leur profit. Plutôt que de véritables condottieres, ce sont des aventuriers cherchant à se procurer une ville ou une forteresse où s'établir entre deux expéditions. Manque d'imagination, manque d'audace ? Il faut surtout tenir compte, pour expliquer leur médiocrité, de l'existence d'un pouvoir central qui, au sein des plus grands désordres, n'a jamais été tout à fait contesté. À côté de ses contemporains italiens, un aventurier comme Du Guesclin, fruste, inculte, brutal, tout empêtré aussi d'idées féodales et chevaleresques, fidèle à son roi, fidèle à sa foi, désireux de reprendre la Croisade à la tête de la « Compagnie blanche », apparaît comme une figure archaïque, un type humain encore pleinement médiéval en face d'hommes de la Renaissance. Ce n'est pas sans raison que, dès la fin du XIVe siècle, son nom s'est ajouté à ceux des neuf Preux, symbole de la chevalerie païenne et chrétienne.

Contrairement aux troupes soldées, l'armée permanente, entretenue en temps de paix comme en temps de guerre, n'apparaît qu'à la fin du Moyen Âge. Encore au début du XVIe siècle, Machiavel écartait cette solution, qu'il jugeait à la fois trop coûteuse, puisqu'elle impliquait l'impôt régulier, et trop dangereuse, puisqu'elle introduisait au sein de l'état un élément de désordre et de violence, affaiblissait la vertu du peuple qui désormais était écarté du souci de la guerre, menait enfin tout droit à la tyrannie.

Sans doute, à partir de 1336, du fait même de la prolongation du conflit, tant du côté anglais que du côté français, des garnisons aux effectifs stables ont été établies de part et d'autre des frontières. Mais elles ne formaient pas l'armée en campagne. Les troupes soldées par Charles V à partir de 1369 ont constitué une formule de transition. C'est en 1445 seulement que le roi de France décida la création d'une cavalerie lourde permanente, du reste peu nombreuse : une vingtaine de compagnies réunissant à peine 2 000 hommes d'armes et 4 000 archers. Les autres États, selon les circonstances, ont imité l'exemple français ; la Bretagne en 1465, la Bourgogne en 1470. À Milan, l'*Ordine del'esercito ducale sforzesco* de 1472-1474 prévoit la création d'un élément militaire stable formé de quelques centaines de lances, prêtes à intervenir à tout moment, d'arsenaux, et de troupes réparties aux frontières sous le commandement de condottieres. En 1477, Orso degli Orsini, duc d'Ascoli, propose au roi de Naples, Ferdinand, la mise sur pied d'une armée permanente de 20 000 hommes, dont 12 000 à cheval, pour une dépense de 470 000 ducats, sans parvenir à faire accepter ses vues. Enfin, dans les royaumes désormais unis de Castille et d'Aragon, une ordonnance de 1495 institue 25 compagnies de 100 lances et 17 compagnies de *stradiots*, cavalerie légère formée sur le modèle albanais. Toutefois, l'armée permanente ne s'est pas établie partout : Venise, l'Empire, l'Angleterre l'ont ignorée jusqu'à la fin du Moyen Âge. Elle a suscité un violent mouvement de mécontentement de la part des populations : en France, l'évêque Thomas Basin, porté, il est vrai, aux opinions extrêmes, la considérait comme la marque même de la servitude. D'autre part, il s'est toujours agi de cavalerie. Le Moyen Âge occidental a pratiquement ignoré l'infanterie permanente. Même les Suisses ou les lansquenets restent des mercenaires payés pour faire la guerre. Les pensions qu'on sert à leurs chefs en temps de paix sont seulement destinées à se réserver leurs services si un conflit éclate. La milice des francs-archers est une force disponible dont les membres vivent ordinairement de leur métier civil.

L'établissement à travers l'Europe des armées permanentes a eu des conséquences multiples. Il a donné naissance, en marge de la noblesse, à un nouveau groupe social et professionnel. Il a contribué au durcissement de la guerre, devenue à la fois plus intelligente, plus complexe et plus cruelle. Il a modifié le caractère des relations internationales. Rien n'est plus facile, rien n'est moins coûteux pour le roi de France que de se jeter à l'improviste sur une province étrangère et de la faire occuper par les troupes qu'il a constamment sous la main. En cas d'invasion ennemie, sa riposte est plus prompte et plus efficace. S'il est vaincu dans une bataille rangée, ce n'est pas l'écroulement : les cadres de son armée subsistent, il lui suffit, en puisant au sein de sa noblesse, toujours avide de servir, de compléter ses effectifs. Mais surtout, l'armée permanente lui assure une autorité accrue dans son royaume, elle lui permet d'étouffer au plus vite toute rébellion ; elle constitue à la fois le symbole et la garantie de son pouvoir. Née dans les désordres et les convulsions de la guerre de Cent ans, elle a été l'instrument peut-être le plus efficace de l'absolutisme monarchique et de la raison d'État.

Chapitre premier

LES PLAINES DE MAUPERTUIS

1356 : la guerre dynastique qui oppose Édouard III, roi
d'Angleterre, aux Valois, Philippe VI, puis Jean le Bon,
dure depuis vingt ans. Des trêves l'ont interrompue à
plusieurs reprises ; pendant les cinq ou six années qui
ont suivi la Peste noire (1348), les deux royaumes,
exsangues, n'ont lancé que des opérations de détail.
Mais déjà, deux régions surtout, enjeux majeurs du conflit, ont éprouvé les ravages continus de la guerre : le
Sud-Ouest aquitain et le Nord flamand. D'autre part, les
Anglais ont remporté coup sur coup une série d'avantages militaires : au combat naval de L'Écluse (1340),
à la bataille de Crécy (1346), au siège de Calais (1347).
Édouard III a marqué des points ; il n'est pas encore
vraiment vainqueur. À coup sûr il dispose de moins
d'hommes et de moins d'argent que son adversaire.
Mais son audace a grandi. En 1355, son fils, le Prince
Noir, entreprend, dans une chevauchée de deux mois, de
dévaster le Languedoc jusqu'à Carcassonne. Rien n'y
fait obstacle. L'année suivante il entend recommencer,
cette fois en direction du Nord. Peut-être espère-t-il
donner la main aux troupes anglo-navarraises qui tiennent une partie de la Normandie. Jean le Bon se décide
à réagir.

Le plus grand chroniqueur du Moyen Âge, Jean Froissart, a fait de la campagne de 1356 et de son point
culminant, la bataille de Poitiers, ou plus exactement
de Maupertuis, un récit saisissant qui est peut-être sa
plus belle réussite littéraire. On a suivi ici la première
rédaction de ses *Chroniques* — il en a laissé trois pour
ses premiers livres —, celle qu'il écrivit moins de
vingt ans après les événements qu'il évoque, alors
qu'il résidait dans son bénéfice ecclésiastique de Les-
tines. L'œuvre de Froissart est immense. Il a eu
l'ambition de raconter les guerres de l'Europe entière,
entre l'avènement d'Édouard III et la mort de Richard
II (1327-1400). Il est souvent considéré comme le
porte-parole exclusif de la classe et des idéaux chevaleresques : c'est pour cette classe sans doute qu'il
écrit, c'est elle qu'il dépeint de préférence. Ses mœurs,
sa mentalité, ses figures les plus marquantes, il les
connaît par le menu. Il ne cherche pas à condamner
les nobles, ni même à les juger, mais il ne cache pas
davantage leurs tares ou leurs cruautés. Comme Sha-
kespeare, il possède un certain don de sympathie, de
tendresse, de pitié, qui se manifeste, au hasard de sa
plume, aussi bien en faveur de tel noble déchu, dont
il retrace avec complaisance les sinistres exploits,
qu'en faveur de tel paysan ruiné par les ravages des
routiers.

Adonc le roi, mû et encouragé de défendre et garder
son royaume, fit derechef mandement et commandement à tous nobles et fieffés tenant de lui, que nuls, à
peine de forfaiture, ne vinssent devers lui sur les marches de Blois et de Touraine ; car il voulait combattre
les Anglais. Ce dont s'émurent tous les gentilshommes

qui en furent priés et mandés. Le roi, pour hâter et avancer sa besogne, quitta Paris, car il tenait encore grande foison de gens d'armes sur les champs ; il chevaucha devers la bonne cité de Chartres, et fit tant qu'il y parvint. Continuellement, des gens d'armes lui arrivaient de tout côté, d'Auvergne, de Berri, de Bourgogne, de Lorraine, de Hainaut, d'Artois, de Vermandois, de Picardie, de Bretagne et de Normandie. Aussitôt arrivés, ils faisaient leur montre, et se logeaient sur le pays, par l'ordonnance des maréchaux, monseigneur Jean de Clermont et monseigneur Arnoul d'Audrehem. Le roi faisait grossement pourvoir et rafraîchir les forteresses et les garnisons de bonnes gens d'armes d'Anjou, de Poitou, du Maine, de Touraine et partout, sur les marches et frontières par où on espérait que les Anglais devaient passer, pour leur clore le passage et leur ôter vivres ou provisions, afin qu'ils n'en pussent nulle part recouvrer pour eux ni pour leurs chevaux.

Pendant ce temps, le Prince Noir poursuit sa chevauchée :

Nonobstant tout ce, le prince de Galles et sa route, où il y avait bien deux mille hommes d'armes et six mille archers, chevauchaient à leur aise et recouvraient des vivres à grande foison ; ils trouvaient le pays d'Auvergne, où ils n'étaient jamais allés, si gras et si rempli de tous biens que c'était merveille à voir. Quand ils étaient entrés dans une ville et qu'ils la trouvaient remplie et pourvue largement de tous vivres,

ils s'y rafraîchissaient deux ou trois jours, puis s'en
partaient, détruisant le demeurant, effondrant les tonneaux pleins de vin, ardant les blés et les avoines afin
que leur ennemi n'en eût aise. Et puis ils chevauchaient plus avant. Toujours ils trouvaient pays bons
et plantureux, car en Berri et en Touraine, en Anjou,
en Poitou et au Maine, il y a une des grasses marches
du monde pour gens d'armes.

Ils atteignent ainsi Bourges, dont ils détruisent les faubourgs, puis prennent Vierzon et Romorantin. Paral-
lèlement, Jean le Bon gagne Blois et Amboise. Son
armée passe la Loire en plusieurs points, d'Orléans à
Saumur. À Loches, il s'arrête pour rassembler ses forces. Il y apprend que les Anglais se dirigent vers le
Poitou. Pour les atteindre, il fonce vers le Sud ; le jeudi
soir, 15 septembre, il est à Chauvigny ; le gros de son
armée rejoint le jour suivant, franchit la Vienne et se
dirige vers Poitiers. Désormais, le prince de Galles est
derrière lui : du mercredi 14 au vendredi 16, ce dernier
est resté à Châtellerault, sachant sa retraite coupée. Le
samedi 17, un groupe d'hommes d'armes qu'il avait
envoyé en reconnaissance tombe sur l'arrière-garde
française. Première escarmouche :

Les barons de France et leurs gens, où il pouvait
avoir environ deux cents armures de fer, aussitôt
qu'ils aperçurent les Anglais chevaucher, connurent
assez que c'étaient leurs ennemis. Si mirent leurs bassinets au plus tôt qu'ils purent, et développèrent leurs
bannières, et abaissèrent leurs lances, et férirent chevaux des éperons.

Ils prennent les Anglais en chasse, mais ceux-ci rejoignent leur armée et les Français en fin de compte sont faits prisonniers. Cet incident éclaire le Prince Noir : la bataille est impossible à éviter ; il s'agit donc de choisir le meilleur emplacement. Après avoir chevauché une bonne partie de la journée du samedi, il s'arrête tout près de Poitiers, à Maupertuis (aujourd'hui la Cardinerie, sur la commune de Nouaillé). C'est là qu'il établit son camp.

Les Anglais se logèrent en cette même place, qu'on dit au pays les *Plaines de Maupertuis*. Et se fortifièrent sagement de haies épineuses drues et fortes, et mirent ce qu'ils avaient de charroi derrière eux ; et firent devant eux plusieurs fossés afin qu'on ne les pût soudainement approcher à cheval sans grand dommage.

Pendant toute la journée du samedi, les Français ont eux aussi atteint Poitiers. Ils s'installent entre la ville et le camp des Anglais. Tout indique que la bataille aura lieu le lendemain matin, dimanche 18.

Quand ce vint le dimanche au matin, le roi de France, qui avait grand désir de combattre les Anglais, fit en son pavillon chanter messe moult solennellement devant lui, et y communia avec ses quatre fils. Après la messe, les plus grands et les plus prochains de son lignage se tirèrent devers lui. Là ils furent en conseil et en parlement un grand temps, à savoir comment ils se maintiendraient. Il fut donc ordonné que toutes gens se tirassent sur les champs, que chaque seigneur développât sa bannière et se mît en avant, au nom de Dieu et de saint Denis, et qu'on se mît en ordonnance de bataille comme pour combattre tout à l'heure. Ces conseils et avis plurent grandement au roi de France. Alors les trompettes sonnèrent parmi l'ost, toutes gens s'armèrent et montèrent à cheval et vinrent sur les champs, là où les bannières du roi ventelaient et étaient arrêtées, spécialement l'oriflamme que portait messire Geoffroy de Charny. Là, pouvait-on voir grande noblesse, de belles armures, de riches armoiries, de bannières et de pennons, de belle chevalerie et écuyerie, car là en était toute la fleur de France et aucun chevalier ni écuyer n'était resté chez lui s'il ne voulait être déshonoré. Là, furent ordonnées, par l'avis du connétable et des maréchaux de France, trois grosses batailles, où chacun était passé et montré pour homme d'armes. Le duc d'Orléans gouvernait la première, à trente-six bannières et deux cents pennons ; le duc de Normandie et ses deux frères, messire Louis et messire Jean, la seconde ; le roi de France devait gouverner la troisième.

Jean le Bon charge ensuite un petit groupe de chevaliers d'examiner les positions anglaises. Au retour, ils font leur rapport : les forces ennemies comprennent deux à trois mille hommes d'armes, le double d'archers, plus 3 ou 4 000 gens de pied. Ils occupent une hauteur très difficilement accessible à cause des haies épaisses où se cachent des archers ; plus haut le reste des archers, sur deux lignes, et les hommes d'armes, presque tous démontés, derrière, enfin, leur charroi. Le roi de France décide de modifier son dispositif :

Quand les batailles du roi de France furent toutes ordonnées et appareillées, et chaque seigneur sous sa bannière et entre ses gens, on fit commandement de par le roi, que chacun allât à pied, excepté ceux qui étaient ordonnés avec les maréchaux, pour ouvrir et fendre les archers ; et que tous ceux qui avaient lance la retaillassent au volume de cinq pieds afin de s'en mieux aider, et que tous ôtassent leurs éperons.

Tout est prêt pour la rencontre ; si elle n'a pas lieu le dimanche, c'est que se place alors l'intervention de cardinaux envoyés par le pape Innocent VI afin d'obtenir une trêve entre les belligérants. Pendant tout le XIVᵉ siècle en effet, la papauté s'est efforcée de réconcilier les nations chrétiennes, et au premier chef, les deux plus prestigieuses, la France et l'Angleterre, non seulement dans un souci de paix, mais encore afin de lancer les forces unies de l'Occident dans une nouvelle Croisade. Dans la conjoncture présente, le prince de Galles, en nette infériorité numérique, y est favorable ; craignant un encerclement qui réduirait ses hommes à la famine, il propose de libérer tous les prisonniers, de rendre les places qu'il a prises durant l'expédition, enfin de ne pas combattre le roi de France pendant sept ans. Sûr de son droit, sûr de sa force, Jean le Bon exige une reddition sans condition. C'est l'échec de tout compromis. Mais la trêve, qui n'aura duré que la seule journée du dimanche, n'est pas sans conséquence : elle a donné aux Anglais le

temps de parfaire leur système de défense ; elle a
d'autre part brisé l'élan français. On sait en tout cas
par le héraut Chandos que Jean II lui attribuait sa
défaite.

Lundi 19. La bataille commence le matin à heure de
prime (six heures). Il s'agit d'abord, pour les Français,
de rompre la ligne de l'archerie ennemie et d'atteindre
les hommes d'armes. Une escarmouche a lieu, au
cours de laquelle l'un des chefs de la première bataille,
le maréchal d'Audrehem, est blessé et fait prisonnier.
Le gros de la première bataille restée à cheval se rue
à l'ennemi :

Alors se commença la bataille de toutes parts, et
déjà s'était approchée et avait commencé la bataille
des maréchaux. Ceux qui devaient rompre la bataille
des archers chevauchèrent avant et entrèrent à cheval
dans le chemin bordé par les grosses et épaisses haies.
Aussitôt que les gens d'armes s'y furent engagés, les
archers commencèrent à tirer rapidement des deux
côtés de la haie, et à atteindre les chevaux de leurs
longues flèches barbues. Les chevaux, sentant les fers
des flèches, devenaient rétifs et ne voulaient plus
avancer ; ils se tournaient les uns de travers, les autres
de côté, ou bien ils tombaient et trébuchaient dessous
leurs maîtres, qui ne se pouvaient aider ni relever ;
jamais la bataille des maréchaux ne put approcher de
la bataille du prince de Galles. Il y eut bien certains
chevaliers et écuyers bien montés qui, par force de
chevaux, passèrent outre et rompirent les haies, et pen-

sèrent approcher de la bataille du prince et de ses bannières, mais ils ne le purent.

Quand les gens d'armes d'Angleterre virent que
cette première bataille était déconfite et que celle du
duc de Normandie commençait à s'ébranler, alors
leur force, haleine et courage crûrent grandement et
ils montèrent précipitamment sur les chevaux qu'ils
avaient d'abord ordonné demeurer près d'eux. Quand
ils furent tout montés et bien en hâte, ils se remirent
tous ensemble et commencèrent à crier à haute voix,
pour plus ébahir leurs ennemis : « Saint George,
Guyenne ! » Là messire Jean Chandos dit au prince
un mot grand et honorable : « Sire, sire, chevauchez
avant : la journée est vôtre, Dieu sera aujourd'hui en
votre main. Allons droit devers votre adversaire le roi
de France, car c'est là que gît tout le sort de la besogne. Je sais bien que par vaillance il ne fuira point ; il
nous demeurera, s'il plaît à Dieu et à saint George,
mais qu'il soit bien combattu. »

Ces paroles évertuèrent à tel point le prince qu'il
dit tout haut : « Jean, allons, vous ne me verrez désormais retourner, mais toujours chevaucher en avant. »
Puis s'adressant à sa bannière : « Chevauchez en
avant, bannière, au nom de Dieu et de saint George. »
Et le chevalier qui la portait fit le commandement du
prince. Alors ce fut la presse, où maint homme fut
renversé. Et sachez bien que qui était tombé, il ne
pouvait se relever, à moins d'être très fort aidé.

La bataille du duc de Normandie commença à se
rompre et à s'ouvrir ; la plupart de ceux qui s'y trou-

vaient et qui par raison devaient y combattre, se mirent
à monter à cheval et à fuir de tous côtés. Les Anglais,
eux, s'avancèrent et s'adressèrent premièrement à la
bataille du duc d'Athènes, connétable de France. Là il
y eut grand fracas et grande lutte, et maint homme renversé par terre. Là des chevaliers et des écuyers de
France, qui combattaient en troupeaux s'écriaient :
« Montjoie, Saint Denis ! » et les Anglais : « Saint
George ! Guyenne ! » Là il y avait entre eux de grandes
prouesses, car il n'y avait si petit qui ne valût un bon
homme d'armes. Presque tous se sauvèrent de la
bataille du duc de Normandie, et les enfants du roi
aussi, le duc de Normandie, le comte de Poitiers et le
comte de Touraine, qui étaient en ce temps-là moult
jeunes et de petit avis ; aussi crurent-ils légèrement
ceux qui les gouvernaient. Toutefois, messire Guichard
d'Angles et messire Jean de Saintré, qui étaient aux
côtés du comte de Poitiers, ne voulurent jamais retourner ni fuir, mais se boutèrent au plus fort de la bataille.
Ainsi, par conseil, s'en allèrent les trois enfants du roi,
et avec eux plus de huit cents lances saines et entières
qui onques n'approchèrent leur ennemi et prirent le
chemin de Chauvigny. Quand messire Jean de Landas
et messire Thibaud de Vaudenay, qui étaient maîtres
et meneurs du duc Charles de Normandie avec le seigneur de Saint-Venant, eurent chevauché environ une
grosse lieue en la compagnie du duc, ils prirent congé
de lui et prièrent le seigneur de Saint-Venant de ne
point l'abandonner mais de le mener à sauveté, et qu'il
acquerrait autant d'honneur en gardant son corps qu'en

demeurant en la bataille. Ainsi s'en retournèrent les deux chevaliers, et ils rencontrèrent le duc d'Orléans et sa grosse bataille saine et tout entière, qui étaient partis et venus par derrière la bataille du roi.

Le roi Jean de France ne s'effraya jamais pour chose qu'il ouït ou vit, mais il resta et fut constamment bon chevalier et bon combattant, et ne montra pas semblant de fuir ni de reculer quand il dit à ses hommes : « À pied ! À pied ! » et il fit descendre tous ceux qui étaient à cheval. Lui-même se mit à pied devant tous les siens, une hache de guerre entre les mains, et il fit passer avant ses bannières au nom de Dieu et de saint Denis, dont messire Geoffroy de Charny portait la souveraine ; et ainsi, la grosse bataille du roi s'en vint assembler face aux Anglais. Là il y eut grand hutin, fier et cruel, et se donnèrent maints horions de haches, d'épées et autres bâtons de guerre.

Le roi de France et messire Philippe, son fils puîné, s'assemblèrent face à la bataille des maréchaux d'Angleterre, les comtes de Warwick et de Suffolk ; il y avait aussi là des Gascons ; le roi Jean de France avait bien sentiment et connaissance que ses gens étaient en péril ; car il voyait ses batailles s'ouvrir et s'ébranler, bannières et pennons trébucher et reculer, repoussés par la force de leurs ennemis. Mais par fait d'armes, il crut bien toutes les recouvrer. Là criaient les Français leur cri : « Montjoie ! Saint Denis ! » et les Anglais : « Saint George ! Guyenne ! »

En la bataille du roi, il y avait le comte Douglas d'Écosse, et il combattit un temps assez vaillamment. Mais quand il vit que la déconfiture atteignait les Français, il se partit et se sauva au mieux qu'il put, car il ne voulait nullement être pris ni tomber entre les mains des Anglais. Il eût mieux valu pour lui être occis sur la place.

Messire Geoffroy de Charny se combattait vaillamment et assez près du roi ; et étaient toute la presse et la huée sur lui, pour tant qu'il portait la souveraine bannière du roi ; lui-même avait la sienne sur les champs, qui était de gueules à trois écussons d'argent. Anglais et Gascons y survinrent tant de toutes parts que par force ils ouvrirent et rompirent la presse de la bataille du roi de France ; et les Français furent si enchevêtrés entre leurs ennemis qu'il y avait bien, en tel lieu, cinq hommes d'armes sur un gentilhomme. Messire Geoffroy de Charny y fut occis, la bannière de France entre ses mains. Adonc il y eut trop grande presse et trop grande poussée sur le roi Jean, pour la convoitise qu'on avait de le prendre. Et ceux qui le connaissaient et qui étaient le plus près, lui criaient : « Rendez-vous, rendez-vous, autrement vous êtes mort. »

Il y avait là un chevalier de la nation de Saint-Omer, qu'on appelait monseigneur Denis de Morbecque. Depuis cinq ans ou environ il avait servi les Anglais, parce qu'il avait dans sa jeunesse forfait le royaume de France par guerre d'amis et commis un meurtre à Saint-Omer ; le roi d'Angleterre l'avait retenu à ses gages et soldes. Ce chevalier réussit à se trouver aux côtés du roi de France, le plus proche de lui, au moment où l'on s'efforçait de le prendre. Alors il s'avança dans la presse, à force de bras et de corps, car il était grand et fort, et il dit au roi en bon français, où le roi s'arrêta plus qu'aux autres : « Sire, sire, rendez-vous. »

Le roi, qui se voyait en dur parti et trop efforcé de ses ennemis, et qui voyait aussi que sa défense ne pouvait plus rien, demanda en regardant le chevalier : « À qui me rendrai-je ? à qui ? Où est mon cousin le prince de Galles ? Si je le vois, je parlerai. » — « Sire, répondit messire Denis de Morbecque, il n'est pas ici ; mais rendez-vous à moi, je vous mènerai devers lui. » — « Qui êtes-vous ? » lui dit le roi. — « Sire, je suis Denis de Morbecque, un chevalier d'Artois ; mais je sers le roi d'Angleterre, parce que je ne le puis au royaume de France, y ayant forfait tout le mien. »

Alors le roi lui répondit, comme depuis je m'en suis informé, ou dut lui répondre : « Je me rends à vous », et il lui bailla son gant droit. Le chevalier le prit, qui en eut grande joie. Il y eut grande presse et grand désordre autour du roi, car chacun s'efforçait de dire : « Je l'ai pris, je l'ai pris » ; et le roi ne pouvait aller avant, ni messire Philippe, son fils puîné.

Pendant ce temps le prince de Galles, qui était durement hardi et courageux et le bassinet en la tête, était comme un lion fier et cruel, qui ce jour avait pris grand plaisir à combattre et chasser ses ennemis ; sur la fin de la bataille, il était durement échauffé. Alors messire Jean Chandos, qui toujours fut à ses côtés et ne le laissa onques de la journée, lui dit : « Sire, il est bon que vous vous arrêtiez ici et que vous mettiez votre bannière haut sur ce buisson, et s'y rallieraient vos gens qui sont durement épars, car Dieu merci, la journée est vôtre. Je ne vois plus nulles bannières ni nuls pennons des Français, ni corps parmi eux qui se pût rallier ; si vous rafraîchirez un peu, car je vous vois moult échauffé. »

Le prince s'accorda à l'ordonnance de monseigneur Jean Chandos, et fit mettre sa bannière sur un haut buisson, pour rallier toutes gens, et corner ses ménestrels, et ôta son bassinet. Bientôt ses chevaliers furent prêts, ceux de son corps et ceux de sa chambre ; on disposa un petit pavillon vermeil, où le prince entra, et on lui apporta à boire ainsi qu'aux seigneurs de sa suite. Leur nombre croissait toujours, car ils revenaient de la chasse ; ils s'arrêtaient là ou à proximité, avec leurs prisonniers.

Aussitôt que revinrent les deux maréchaux, les comtes de Warwick et de Suffolk, le prince leur demanda des nouvelles du roi de France. Ils répondirent : « Sire, aucunes bien certaines ; mais nous croyons qu'il est mort ou pris car il n'a pas quitté les batailles. » Alors le prince dit en grande hâte au comte de Warwick et à monseigneur Renaud de Cobham : « Je vous prie, partez d'ici et chevauchez si avant qu'à votre retour vous m'en disiez la vérité. »

Aussitôt ces deux seigneurs derechef montèrent à cheval et se partirent du prince et montèrent sur un tertre pour voir autour d'eux ; ils aperçurent une grande flotte de gens d'armes tous à pied, qui venaient moult lentement. Là le roi de France était en grand péril, car les Anglais et les Gascons en étaient maîtres, et l'avaient déjà enlevé à monseigneur Denis de Morbecque, et l'avaient moult éloigné de lui ; et les plus forts disaient : « Je l'ai pris, je l'ai pris. » Toutefois le roi de France, qui sentait l'envie qu'ils avaient entre eux à son sujet, avait dit, pour esquiver le péril : « Seigneurs, seigneurs, menez-moi courtoisement devers le prince mon cousin, et mon fils avec moi ; et ne vous riotez plus ensemble de ma prise, car je suis sire et grand assèz pour faire riche chacun de vous. »

Warwick et Cobham comprennent que là se trouve Jean II. Ils s'approchent en hâte.

Alors les deux barons, sans plus parler, rompirent, à force de chevaux, la presse, et firent tirer en arrière toutes manières de gens ; et leur commandèrent, de par le prince et sur leur tête, que nul n'approchât s'il n'y était ordonné et requis. Lors se partirent toutes gens, qui n'osèrent ce commandement briser. Enfin, le comte de Warwick et messire Renaud de Cobham entrèrent au pavillon du prince, et ils lui firent présent du roi de France. Le prince s'inclina tout bas contre le roi de France et le reçut bellement et sagement et fit là apporter le vin et les épices et en donnat-il lui-même au roi, en signe de très grand amour.

Quand les Anglais furent revenus de la chasse
devers le prince qui les attendait sur les champs, ils
trouvèrent qu'ils avaient deux fois plus de prisonniers qu'ils n'étaient. Aussi eurent-ils conseil l'un
par l'autre, pour la grande charge qu'ils en avaient,
qu'ils en rançonneraient sur les champs la plupart ;
ce qu'ils firent. Les chevaliers et les écuyers prisonniers trouvèrent les Anglais et les Gascons moult
courtois ; ce propre jour, il en fut mis grande foison
à finance ; d'autres simplement donnèrent leur foi de
retourner d'ici la Noël prochaine à Bordeaux sur la
Gironde, pour y rapporter leur payement. Quand ils
furent ainsi tous rassemblés, chacun se tira en son
logis. Certains se désarmèrent, mais non point tous,
et firent désarmer leurs prisonniers et les honorèrent
tant qu'ils purent, chacun les siens ; car celui qui
prenait un prisonnier en bataille de son côté, le prisonnier était sien, et il le pouvait libérer ou rançonner à sa volonté.

Ainsi, chacun peut savoir et penser que tous ceux
qui furent là, en cette fortuneuse bataille avec le prince
de Galles, furent riches d'honneur et d'avoir, tant à
cause des rançons des prisonniers qu'à cause du gain
d'or et d'argent qui y fut trouvé, tant en vaisselle, en
riches joyaux, qu'en malles farcies de vêtements riches
et pesants et de bons manteaux. D'armures, de harnois
de jambes et de bassinets, ils ne faisaient nul compte,
car les Français étaient venus là aussi richement étof-

fés que possible, en gens qui croyaient bien avoir la journée pour eux.

Ainsi fut cette bataille déconfite que vous avez ouïe, qui fut ès champs de Maupertuis, à deux lieues de la cité de Poitiers, le vingt et unième [*sic*] jour du mois de septembre, l'an de grâce Notre Seigneur mil trois cent cinquante six. Elle commença environ heure de prime et fut toute passée à none. Et fut là morte, comme on rapportait alors pour le temps, toute la fleur de la chevalerie de France ; de quoi le noble royaume fut durement affaibli, et tomba en grande misère et tribulation. Avec le roi de France et son jeune fils, monseigneur Philippe, il fut pris dix-sept comtes, sans les barons, chevaliers et écuyers ; et y mourut de cinq mille sept cents à six mille hommes.[1]

1. Froissart, *Chroniques*, publiées pour la Société de l'Histoire de France par Siméon Luce, t. V, *1356-1360*, Paris, Renouard, 1874, p. 1-61 (extraits).

Chapitre II

LES CHEVAUCHÉES ANGLAISES

La capture du roi Jean laisse le royaume étourdi et désemparé. Privés de leur seigneur naturel, les Français gémissent, s'indignent, se révoltent. En 1357 et 1358, une double crise politique et sociale éclate : Étienne Marcel, porte-parole de la bourgeoisie parisienne, tente par la violence de mettre en tutelle la monarchie ; les paysans du Beauvaisis et du Soissonnais se soulèvent contre leurs seigneurs en un mouvement désespéré et vain. L'habileté du dauphin Charles autant que les maladresses du prévôt des marchands écartent le premier danger ; quant au second, il suscite la réaction implacable de la classe nobiliaire qui, sous la direction du roi de Navarre, Charles II dit le Mauvais, oublie ses querelles de la veille pour écraser la Jacquerie.

Mais d'autres problèmes subsistent : il faut libérer le roi, il faut continuer la guerre. Or les deux impératifs s'excluent : on ne peut exiger d'un pays dépeuplé par la Peste noire, dévasté par vingt ans d'opérations militaires qu'il continue à solder des troupes et qu'il paie la rançon du roi. On se résigne à la défaite : par le traité de Calais (1360), Jean le Bon, libéré après versement d'un premier acompte, cède à Édouard III Guines,

Calais et le Ponthieu au Nord, l'Agenais, le Quercy, le
Rouergue et la Gascogne au Sud. Calais ne fut pas la
paix, tout au plus une trêve prolongée, marquée
d'ailleurs par l'épuisante lutte contre les Compagnies,
c'est-à-dire les bandes de gens de guerre, qui, cassés
aux gages après chaque campagne, n'entendent pas se
disperser mais poursuivre la guerre à leur seul profit.
Puis le conflit entre les deux royaumes reprend à
visage découvert. Du côté anglais, il conserve le
même caractère : de grandes chevauchées dévastatrices
qui ont pour but de ruiner économiquement l'adversaire
et de le décourager moralement. De fait, désormais, les
Français ont peur. Pendant une génération, jusqu'en
1380, la caste militaire n'ose plus heurter de front, en
une bataille rangée, les quelques milliers de cavaliers
exaltés et intrépides qui peuvent ainsi, tout à leur aise,
traverser le royaume de part en part. Pour la noblesse
anglaise, la France — cette Inde du XIVe siècle (Siméon
Luce) — signifie la gloire, le butin, l'aventure. En
1359, Édouard III a lui-même fourni l'archétype de ce
mode de guerre. Lancastre en 1369 et 1373, Gloucester en 1380, n'ont fait que l'imiter.

Quand le roi d'Angleterre se départit de son pays,
il fit tous les comtes et barons de France qu'il tenait
pour prisonniers, départir et mettre en plusieurs lieux
et en forts châteaux parmi son royaume, pour être
mieux sûr d'eux. Et fit mettre le roi de France en un
château de Londres, qui est grand et fort, séant sur la
rivière de Tamise, et son jeune fils, monseigneur Philippe, avec lui ; et il les resserra et il leur ôta moult de
leurs plaisirs, et les fit garder plus étroitement
qu'avant. Après, quand il fut appareillé, il fit savoir

partout que tous ceux qui étaient appareillés et pourvus pour venir en France avec lui, se tirassent apertement par devers la ville de Douvres, car il leur livrerait
nefs et vaisseaux pour passer. Chacun s'appareilla
au mieux qu'il put. Et ne demeura nul chevalier et
écuyer, ni homme d'honneur d'entre vingt et soixante
ans que tous ne partissent : si bien que presque tous
les comtes, les barons, les chevaliers et les écuyers
du royaume d'Angleterre vinrent à Douvres, excepté
ceux que le roi et ses conseillers avaient ordonnés et
établis pour garder ses châteaux, ses bailliages, ses
mairies, ses offices et ses ports sur mer, ses havres
et ses passages.

Quand tous furent assemblés à Douvres et ses nefs
appareillées, le roi fit assembler ses gens, petits et
grands, en une place en dehors de Douvres : il leur dit
que son intention était telle qu'il voulait passer outre
et entrer au royaume de France, et ne jamais repasser,
jusqu'à ce qu'il eût fin de guerre ou pays à sa suffi-
sance, et à si grand honneur, ou il mourrait en la peine.
Et s'il y en avait entre eux aucuns qui ne fussent con-
fortés d'attendre cela, il les priait de s'en vouloir aller
en leurs maisons par bon gré. Mais sachez que tous
y étaient venus de si grande volonté que nul ne fut
tel qu'il en voulut aller. Si entrèrent tous en nefs et
en vaisseaux qu'ils trouvèrent appareillés, au nom
de Dieu et de saint George, et arrivèrent à Calais
deux jours avant la fête de Toussaint qui fut l'an de
grâce mil trois cent cinquante-neuf.

Le roi se partit le lendemain au matin de la ville de Calais, avec son grand arroi et se mit sur les champs avec le plus grand charroi et le mieux attelé que nul vit onques sortir d'Angleterre. On disait qu'il y avait plus de six mille chars bien attelés qui tous venaient d'Angleterre. Puis, il ordonna ses batailles si noblement et si richement les unes comme les autres, que c'était solas et déduit au regard ; il fit chevaucher en tête son connétable que moult il aimait, le comte de la Marche, avec cinq cents armures de fer et mille archers au-devant de sa bataille. Après, sa bataille chevauchait, où il avait trois mille armures de fer et cinq mille archers ; et lui et ses gens chevauchaient, toujours rangés et serrés, après le connétable. Après la bataille du roi, venaient les grands chariots, qui comprenaient bien deux lieues de long ; et il y avait plus de six mille chars, tous attelés, qui menaient toutes provisions pour l'ost, et engins qu'on n'avait point vu auparavant mener avec gens d'armes, comme moulins à main, fours pour cuire et plusieurs autres choses nécessaires. Et après, chevauchait la forte bataille du prince de Galles et de ses frères, où il y avait deux mille cinq cents armures de fer, noblement montées et richement parées, et tous ces gens d'armes et ces archers rangés et serrés, comme pour combattre tout à l'heure, si métier eût été. En chevauchant ainsi, ils ne laissaient pas un garçon derrière qu'ils ne l'attendissent, et ne pouvaient aller bonnement plus que trois lieues le jour. Encore il y avait en l'ost du roi d'Angleterre jusqu'à cinq cents valets, avec pelles et cognées, qui allaient devant le charroi et aplanissaient les chemins et les voies, et coupaient les épines et les buissons, pour charroyer plus aise.

Et avaient encore sur ces chars plusieurs nacelles et batelets, faits et ordonnés si subtilement de cuir bouilli que merveille était à regarder. Trois hommes pouvaient bien dedans aider pour nager parmi un étang ou un vivier, aussi grand qu'il fût, et pêcher à leur volonté ; de quoi ils eurent grand aise tout le temps et tout le carême, du moins les seigneurs et les gens d'état ; mais les communes se passaient de ce qu'ils trouvaient. Et avec ce le roi avait bien pour lui 30 fauconniers à cheval, chargés d'oiseaux, et bien 60 couples de forts chiens et autant de lévriers dont il allait chaque jour en chasse ou en rivière, ainsi qu'il lui plaisait. Il y avait aussi plusieurs des seigneurs et des riches hommes, qui avaient leurs chiens et leurs oiseaux, aussi bien comme le roi leur sire. Chacun des trois osts avait avant-garde et arrière-garde, dont le prince de Galles en menait une, le duc de Lancastre l'autre, et le roi d'Angleterre la tierce et plus grande. Et ainsi se maintinrent-ils mouvant de Calais jusqu'adonc ils vinrent devant la cité de Chartres.

Si chevauchèrent les seigneurs en ordre, ainsi que dessus est dit ; partant de Calais, ils passèrent tout parmi l'Artois, au-dehors de la cité d'Arras. Les gens d'armes ne trouvaient pas de vivres sur le plat pays, car tout était bouté dans les forteresses. Le pays était, depuis longtemps, appauvri et dévasté ; même, une grande famine courait parmi le royaume de France, pour la cause que, depuis trois ans, on n'avait rien labouré au plat pays, en sorte que si les blés et les avoines ne leur étaient venus de Hainaut et de Cambrésis, les gens seraient morts de faim en Artois, en Vermandois, dans les évêchés de Laon et de Reims. Mais pour ce que le roi d'Angleterre, avant de partir de son pays, avait ouï parler de la famine et de la pauvreté de France, il y était venu bien pourvu, et aussi chaque seigneur, selon son état, excepté de fourrage et d'avoine, dont les chevaux se passaient au mieux qu'ils pouvaient. Avec tout cela, le temps était si cru et si pluvieux que cela leur faisait trop de mal, ainsi qu'à leurs chevaux ; car presque tous les jours et toutes les nuits, il pleuvait très fort et tant que les vins de la vendange ne valurent rien en cette saison.

Or vous dirai d'une aventure qui advint sur ce voyage à monseigneur Galehaut de Ribemont, un très hardi et apert chevalier de Picardie. Vous devez savoir que toutes les villes, les cités et les châteaux sur le passage du roi d'Angleterre, étaient trop bien gardés : car chaque bonne ville de Picardie prenait et recevait chevaliers et écuyers à ses frais. Or il advint que ceux de Péronne en Vermandois n'avaient point encore de capitaine ni de gardiens ; et les Anglais les approchaient durement, dont ils n'étaient mie bien aise. Aussi s'avisèrent-ils de monseigneur Galehaut de Ribemont, qui n'était encore nulle part retenu, lequel se tenait, comme ils en furent informés, à Tournai.

Ceux de Péronne lui envoyèrent lettres moult cour-
toises, en le priant de venir aider à garder la bonne
ville de Péronne, avec ce qu'il pourrait avoir de compagnons : on le payerait vingt francs tous les jours
pour sa personne, et chaque chevalier sous lui dix
francs, et chaque lance pour trois chevaux un franc.

Messire Galehaut, qui désirait les armes partout et
qui se vit prier moult courtoisement par ceux de
Péronne, ses bons voisins, donna aussitôt son accord
et leur manda qu'il y serait du jour au lendemain. Il
se pourvut au plus tôt qu'il put, pria et cueillit de
bons compagnons en Tournésis et se partit de Tournai, lui trentième. Monseigneur Roger de Cologne y
vint, lui vingtième de bons compagnons ; tant fit
messire Galehaut qu'il eut bien cinquante lances de
bonnes gens, et s'en vinrent loger un soir, en approchant de Péronne, à deux petites lieues près des
ennemis, en un village où ils ne trouvèrent personne,
car les gens du plat pays s'étaient boutés dans les
forteresses.

Le lendemain matin, très tôt, ils partent car ils pensent
les Anglais tout proches ; ils arrivent à un monastère
fortifié qui les ravitaille en pain et en vin. Galehaut
envoie deux écuyers pour reconnaître le pays.
Ils tombent sur Renaud de Boullant et un parti d'Allemands au service des Anglais, dont ils parviennent à
se dégager en se faisant passer pour des compagnons
de l'armée anglaise. Revenus auprès de Galehaut, ils
font leur rapport. Galehaut décide d'attaquer :

Il fit serrer ses plates et resangler son coursier, et mit son bassinet à visière, par quoi il ne pût être connu, et ainsi firent tous les autres. Il fit encore renvelopper son pennon. Puis ils sortirent du village et prirent les champs, chevauchant devers le bois où messire Renaud de Boullant attendait.

Ils chevauchent un temps ensemble ; puis l'Allemand a des soupçons, et lui demande son nom.

À ces mots, leva la tête messire Galehaut, et, en s'avançant devers le chevalier pour le prendre par les rênes de son coursier, il cria : « Notre Dame Ribemont ! » et tantôt messire Roger de Cologne : « Cologne, à la rescousse ! » Quand messire Renaud de Boullant se vit en ce parti, il ne fut mie trop effrayé, mais mit la main rapidement à une épée de guerre qu'il portait à son côté, la tira hors du fourreau, et frappa Galehaut sur le flanc en transperçant ses plates jusque de l'autre côté. Puis il retira son épée, éperonna son cheval et laissa monseigneur Galehaut en ce parti durement navré.

Boullant parvient à s'échapper, mais la plupart de ses gens sont morts ou pris. Galehaut peut ainsi gagner Péronne où on le fait soigner.

Or retournons-nous au roi d'Angleterre et contons comment il vint assiéger la bonne cité de Reims.

Après avoir traversé le Cambrésis et la Thiérache,
Édouard III arrive sous Reims : le siège devait durer
du 30 novembre 1359 à la mi-janvier 1360.

Le roi d'Angleterre fit son logis à Saint-Basle
outre-Reims, et le prince de Galles et son frère à
Saint-Thierry. Après eux, le duc de Lancastre tenait
le plus grand logis. Les comtes, les barons et les autres
chevaliers étaient logés dans les villages entour de
Reims. Ils n'avaient ni leurs aises ni le temps à leur
volonté, car ils étaient venus au cœur de l'hiver,
environ la Saint-André, qu'il faisait froid, laid et pluvieux. Leurs chevaux étaient mal logés et mal pourvus, car le pays, depuis deux ou trois ans, avait été
si guerroyé que nul n'avait labouré les terres ; c'est
pourquoi on n'avait nuls fourrages, blés ni avoines
en gerbes ni en pailles ; et il fallait à plusieurs aller
fourrager à dix ou douze lieues de là. Ils rencon-
traient souvent des garnisons françaises, par quoi il
y avait hutins et mêlées. Une fois les Anglais perdaient, l'autre fois ils gagnaient.

La cité est forte, et bien fermée, et de bonne garde.
Aussi le roi d'Angleterre n'y fit point assaillir, pour ce
qu'il ne voulait travailler ses gens, ni les faire navrer
ou blesser. Lui et ses gens demeurèrent au siège devant
Reims de la fête de Saint-André jusqu'à l'entrée du
carême.

Parlerons d'une aventure qui, pendant le siège de
Reims, arriva à monseigneur Barthélemi de Burghersh,
qui avait assiégé la tour et le château de Cormicy, et à

un chevalier champenois dedans qui s'appelait messire Henri de Vaux, qui s'armait de noir à cinq anneaux d'argent et criait : « Vienne ! ». Ce château ne doutait nul assaut, car il y avait une grosse tour carrée, malement grosse et épaisse et bien bâtie.

Quand messire Barthélemi l'eut bien avisé et considéré sa force et manière et qu'il ne pourrait l'avoir par assaut, il fit appareiller une quantité de mineurs qu'il avait avec lui à ses gages, en leur commandant de miner la forteresse et que trop bien il les payerait. Ils répondirent : « Volontiers. » Alors les ouvriers entrèrent dans la mine et minèrent continuellement nuit et jour, et ils firent tant qu'ils vinrent moult avant par-dessous la grosse tour. Et à mesure qu'ils minaient, ils estançonnaient, et ceux du fort n'en savaient rien. Quand leur mine fut prête à renverser la tour, ils vinrent à Barthélemi et lui dirent : « Sire, nous avons tellement appareillé notre ouvrage que cette grosse tour trébuchera quand il vous plaira. » — « Bien, répondit le chevalier, ne faites plus rien sans mon commandement. » Ils lui dirent : « Volontiers. »

Alors messire Barthélemi monta à cheval, et s'en vint jusqu'au château. Il fit signe qu'il voulait parlementer à ceux dedans. Tantôt messire Henri de Vaux vint aux créneaux et demanda ce qu'il voulait. « Je veux, dit messire Barthélemi, que vous vous rendiez, ou autrement vous êtes tous morts sans remède. » — « Et comment ? » répondit le chevalier français qui se mit à rire. « Nous sommes céans assez bien pourvus de toutes choses et vous voulez que nous nous

rendions tout simplement : jamais. » — « Messire
Henri, messire Henri, répondit le chevalier d'Angleterre, si vous saviez en quel parti vous êtes, vous vous
rendriez, et à peu de paroles. » — « En quel parti pou-
vons-nous être ? » répondit le chevalier français. —
« Sortez dehors et je vous le montrerai, et si vous voulez ensuite retourner à votre tour, je l'accorde. »

Messire Henri entra en ce traité, et crut le chevalier
anglais ; il sortit du fort, lui quatrième seulement ; il
fut mené à la mine, et on lui montra comment la
grosse tour ne tenait que sur des estançons de bois.
Quand le chevalier français vit le péril, il dit à monseigneur Barthélemi : « Certainement, sire, vous avez
bonne cause, et ce que vous avez fait vous vient de
grande gentillesse ; aussi nous mettons-nous en votre
volonté. » Alors messire Barthélemi les prit comme
ses prisonniers, fit sortir un à un les occupants de la
tour et puis fit bouter le feu à la mine. Les estançons
flambèrent et quand ils furent tous brûlés, la tour
s'ouvrit en deux et se renversa. « Or regardez, dit
messire Barthélemi à monseigneur Henri de Vaux, et
à ceux de la forteresse, si je vous disais la vérité. » Ils
répondirent : « Oui, sire, nous demeurons votre prisonnier à votre volonté et vous remercions de votre
courtoisie ; car les Jacques Bonhomme qui jadis
régnèrent en ce pays, s'ils eussent été dans votre condition, ils n'auraient pas agi de même. »

Le roi d'Angleterre se tint à siège devant la cité
de Reims bien le terme de sept semaines et plus ;
mais onques n'y fit assaillir ni point ni petit, car il

eût perdu sa peine. Quand il eut été là tant qu'il commença à s'ennuyer et que ses gens ne surent que fourrager, et perdaient leurs chevaux et étaient en grande mésaise de vivres, ils se délogèrent et s'arroutèrent comme avant et se mirent en chemin par-devers Châlons en Champagne. Et le roi et son ost passèrent assez près de Châlons, puis de Bar [*sur-Seine*] et de la cité de Troyes. Il vint loger à Méry [*sur-Seine*], et son armée était entre Méry et Troyes, où on compte huit lieues de pays.

Quand ils se délogèrent, ils vinrent devant Tonnerre, et là il y eut grand assaut et dur. Et la ville de Tonnerre fut prise par force, mais non le château. Mais les Anglais gagnèrent au corps de la ville de Tonnerre plus de trois mille pièces de vin qui leur firent grand bien. Quand ils s'y furent bien reposés et rafraîchis, ils s'en partirent et passèrent là la rivière d'Armançon. Et le roi d'Angleterre laissa là le chemin d'Auxerre, à main droite, et prit le chemin de Noyers. Il avait telle intention que d'entrer en Bourgogne et d'être là tout le carême. Lui et tout son ost passèrent dessous Noyers, et il ne consentit pas à ce qu'on l'assaillît, car il tenait le seigneur prisonnier de la bataille de Poitiers. Puis ils vinrent à gîte à une ville qu'on appelle Montréal, sur la rivière Serain. Quand le roi s'en partit, il remonta cette rivière, et s'en vint loger à Guillon ; car un de ses écuyers, Jean de Harleston, qui s'armait d'azur à un écusson d'argent, avait pris la ville de Flavigny, qui sied assez près de là, et il y avait trouvé de toutes pourvéances, pour [*faire*] vivre le roi et tout son ost un mois entier. Le roi fut à Guillon de la nuit des Cendres [*mercredi 19 février*] jusqu'à mi-Carême [*dimanche 15 mars*].

Pendant que le roi séjournait là, le jeune duc de Bourgogne qui régnait pour le temps et ses conseillers, par la requête et ordonnance de tout le pays de Bourgogne entièrement, envoyèrent devers lui suffisants hommes, barons et chevaliers. Ces seigneurs exploitèrent si bien et trouvèrent le roi d'Angleterre si traitable qu'une composition fut faite entre le roi et le pays de Bourgogne : contre deux cent mille francs, il s'engagea à ne pas courir sur le pays et à le tenir en paix pendant trois ans.

Quand cette chose fut accordée et scellée, le roi se délogea, avec tout son ost ; il prit son retour et le droit chemin de Paris et s'en vint loger sur la rivière d'Yonne, sous Vézelay. Et exploita tant le roi d'Angleterre par ses journées qu'il vint devant Paris et se logea à deux petites lieues près de Bourg-la-Reine, tout son ost contremont en allant devers Montlhéry. Le roi envoya ses hérauts à Paris, devers le duc de Normandie qui s'y tenait avec ses gens d'armes, pour demander bataille ; mais le duc ne l'accorda point.

Quand le roi d'Angleterre vit que nul ne sortirait de Paris pour le combattre, il en fut tout courroucé.

L'intention du roi Édouard d'Angleterre était d'entrer en ce bon pays de Beauce et de se retirer tout bellement sur cette belle, douce et bonne rivière de Loire ; ensuite de venir tout cet été jusqu'après août se rafraîchir en Bretagne. Et tantôt sur les vendan-

ges, qui apparaissaient très belles, il retournerait en
France et viendrait derechef mettre le siège devant
Paris, car point ne voulait retourner en Angleterre
avant d'avoir réussi ; il laisserait ses gens par ses forteresses à faire guerre pour lui en France, en Brie,
en Champagne, en Picardie, en Ponthieu, en Vimeu
et en Normandie, guerroyer et hareïer le royaume de
France et tellement tanner et fouler les cités et les
bonnes villes que de leur volonté elles s'accorde-
raient à lui. Aussi le roi avec tout son ost se délogea
de Montlhéry et chevaucha par-devers Gallardon. Ce
jour que le roi et ses gens chevauchaient vers Gallardon, tomba du ciel en l'ost du roi un effoudre, une
tempête, un orage, un éclair, un vent, un grésil si
grands, si merveilleux et si horribles qu'il semblait
que le ciel dût partir et la terre ouvrir et tout englou-
tir. Les pierres tombaient si grandes et si grosses
qu'elles tuaient hommes et chevaux, et n'y avait si
hardi qui ne fût tout ébahi.

Alors le roi d'Angleterre regarda devers l'église
Notre-Dame de Chartres, et se voua et rendit dévotement à Notre Dame et promit, si comme il dit et
confessa depuis, qu'il s'accorderait à la paix. À ce
donc il était logé en un village assez près de Chartres
qui s'appelle Brétigny et là on ordonna sur la forme
de la paix, par grande délibération et par bon avis,
une lettre qui s'appelle la charte de la paix.

Les préliminaires de Brétigny sont arrêtés le 8 mai
1360. Nul doute qu'à côté de l'intervention du ciel à

laquelle Froissart accorde la première place, les
échecs sous Reims et Paris aient contribué à ce recul
de la part d'Édouard III. Il ne reste plus qu'à renvoyer
les troupes.

Il fut ordonné que toutes manières de gens se
délogeassent et se retirassent bellement et en paix
devers le Pont de l'Arche, pour là passer la Seine, et
puis vers Abbeville, pour passer la Somme et puis
aller tout droit à Calais. Dont se délogèrent toutes
manières de gens et se mirent en chemin. Et avaient
guides et chevaliers de France envoyés par le duc de
Normandie qui les conduisaient et les menaient ainsi
comme ils devaient aller.

Le roi d'Angleterre, quand il se partit, passa parmi
la cité de Chartres et y hébergea une nuit. Au lendemain, il vint moult dévotement avec ses enfants en
l'église de Notre-Dame, y ouïr la messe ; ils y firent
grande offrande et puis s'en partirent et montèrent à
cheval. Le roi et ses enfants vinrent à Harfleur en Normandie et là passèrent la mer et retournèrent en Angleterre. Le demeurant de l'ost vinrent au mieux qu'ils
purent sans dommage et sans péril, et partout leur
étaient vivres appareillés pour leur argent jusqu'en la
ville de Calais. Ainsi les Anglais passèrent depuis, au
plus bellement qu'ils purent, sans dommage et sans
péril, et retournèrent en Angleterre.[1]

---

1. *Ibid.*, p. 197-234, et t. VI, *1360-1366*, Paris, Renouard, 1876, p.
1-22 (extraits).

En fait, tous les Anglais n'ont point regagné leur île. Nombreux sont ceux qui sont restés en France, sans solde, sans emploi, ne voulant ni ne pouvant réintégrer les cadres normaux de la société. Autant que possible, ils s'accrochent à une forteresse qui leur sert de repaire et d'asile inexpugnable, d'où ils lancent leurs expéditions sur le plat pays. Ils sont d'ailleurs avides de stabilité, recherchant les rançons régulières que leur versent les paysans pour protéger leur récolte.

Certains de ces gens de guerre, auxquels se joignent les déclassés et les déracinés, les bâtards nobles et les criminels de droit commun, toute cette masse d'épaves inquiétantes qui constituent les bas-fonds de la société à la fin du Moyen Âge, se groupent en bandes armées auxquelles les contemporains ont donné le nom de Compagnies. À un moment même, s'unissant en un seul corps, ils ont donné naissance à la Grande Compagnie *(magna societas)* dont les dimensions et l'organisation rappellent celles d'une véritable armée. La carence du pouvoir central, l'impéritie de la noblesse, un régionalisme extrême, leur font la partie belle. On ne les combat pas, on achète leur départ. Le pape, menacé dans Avignon, a beau les excommunier : rien n'y fait. C'est seulement après 1370, quand la plus grande partie de leurs effectifs a péri, ou est passée à l'étranger (Empire, Italie, Espagne) que l'étau des Compagnies se desserre en France.

Chapitre III

VIE ET MORT D'UN AVENTURIER

Les regrets de Mérigot Marchès, soldat-brigand comme
l'époque en a beaucoup connu :

Il n'est temps, ébattement ni gloire en ce monde
que de gens d'armes, de guerroyer par manière que
nous avons fait ! Comment étions-nous réjouis quand
nous chevauchions à l'aventure et nous pouvions
trouver sur les champs un riche abbé, un riche prieur,
un marchand ou une route de mules de Montpellier,
de Narbonne, de Limoux, de Fougaus, de Béziers, de
Toulouse et de Carcassonne, chargées de draps de
Bruxelles ou de Montivilliers, ou de pelleterie venant
de la foire du Lendit, ou d'épiceries venant de Bruges,
ou de drap de soie de Damas ou d'Alexandrie ! Tout
était nôtre ou rançonné à notre volonté. Tous les jours
nous avions nouvel argent. Les vilains d'Auvergne et
de Limousin nous pourvoyaient et nous amenaient en
notre château les blés, la farine, le pain tout cuit,
l'avoine pour les chevaux et la litière, les bons vins,
les bœufs, les brebis et les moutons tout gras, la pou-

laille et la volaille. Nous étions gouvernés et étoffés comme rois, et quand nous chevauchions, tout le pays tremblait devant nous… Par ma foi cette vie était bonne et belle.

Afin de s'emparer de ce bandit de haut vol, Charles VI s'adresse à Robert de Béthune, son lieutenant pour tout le pays « mouvant de la mer de La Rochelle, retournant et comprenant jusques à la rivière de Dordogne ». Il le désigne comme chef de cette expédition de police :

Assemblez gens d'armes de votre retenue, car il vous faut aller en Auvergne ; il y a là pillards dont Mérigot Marchès est chef. Il est ordonné que vous serez délivré à Clermont en Auvergne de la somme que vous aurez de gens d'armes, et pour aller d'ici jusque-là, parlez au trésorier des guerres, il lui est chargé qu'il vous délivre aucune chose pour vos menus frais.[1]

Robert de Béthune s'exécute ; il mande en hâte les chevaliers et écuyers de France et de Picardie de sa connaissance. Le rendez-vous est fixé à Chartres. Là sont réunies 200 lances, « tous gens de guerre bons et féables », qui sont « passés à montre ». L'affaire est une réussite. On parvient à s'emparer de Marchès, qui, en toute hâte, est ramené au Châtelet de Paris pour y être jugé.

1. Froissart, *Chroniques*, éd. Joseph Kervyn de Lettenhove, t. XIV, *1389-1392*, Bruxelles, Victor Devaux, 1872, p. 164.

Nous avons conservé le compte rendu de son procès
— un modèle destiné à servir de référence.

Le lundi 10ᵉ jour du mois de juillet [*1391*], par-
devant monseigneur le Prévôt [*de Paris*], présents
nobles hommes et puissants seigneurs messire Robert
de Béthune, chevalier, vicomte de Meaux ; messire
Jean de Blaisy, chambellan du roi ; messire Guillaume
Le Bouteiller, sénéchal de Limousin, et messire Béraut
de Bois-Roger, chevalier ; maître Guillaume Porel,
conseiller du roi notre sire en Parlement ; Dreux d'Ars,
lieutenant dudit monseigneur le Prévôt ; André Le
Preux, procureur du roi notre sire au Châtelet ; Girart
de la Haye, examinateur illec, et maître Guillaume
Cochetart, notaire du roi au bailliage de Saint-Pierre-
le-Moutier, fut atteint et fait venir en jugement le prisonnier Mérigot Marchès, auquel, par monseigneur
le Prévôt, fut dit et commandé que de sa vie, état,
gouvernement, maintien, accointances, alliances, féau-
tés et promesses qu'il avait faites, tant aux Français,
s'il en savait aucuns, qu'aux Anglais qu'il avait en son
obéissance, et des machinations qu'ils avaient faites
contre le bien, honneur et état du roi notre sire, de sa
personne, de tous nos seigneurs et du bien public du
royaume, il dît la vraie vérité et aussi de toutes choses qui lui seraient demandées, et de celles qu'il saurait pouvoir servir au profit dudit seigneur, de son
royaume et de tout le bien public.

Lequel prisonnier, après qu'il eut juré, sans aucune
force ou contrainte, aux Saints Évangiles de Dieu, dire

vérité sur tout cela et autres choses qui lui pourraient venir à connaissance et mémoire, reconnut et confessa :

« Je suis né au château que l'on dit Beaudéduit, à quatre lieues près de la ville de Limoges, lequel château feu mon père tenait en foi et hommage de l'évêque de Limoges, duquel je tiens toujours, avec ses appartenances et dépendances. Depuis dix-huit ans ou environ, ce château, par le temps des guerres qui ont été au pays, a été entièrement ars, détruit et abattu, et de présent il n'y a aucun édifice mais la place seulement.

« Mon dit feu père, tout le temps de sa vie, fut et a été bon et loyal Français, et tenu le parti du roi et de son royaume.

« Un mien frère, appelé Mathe Marchès, fils de mon père, a, tout le cours de sa vie, tenu le parti du roi de France et a été bon et loyal Français, jusqu'au temps de mon emprisonnement ; on m'a raconté qu'à cause de ma prise il s'est tourné Anglais et tenu leur parti.

« Je suis marié : depuis deux ans j'ai épousé Mariote Marchès, ma femme, de laquelle je n'ai encore aucun enfant.

« Au temps que, par le feu roi Jean le pays de Limousin fut baillé et livré aux Anglais, mon père se tourna et prit le parti du roi de France, et délaissa tout ce qu'il avait au pays de Limousin tenu en la sujétion des Anglais. Auquel temps, étant en l'âge de neuf ans environ, je fus par mon père baillé en garde à messire

Thomas de Roux, chevalier, tenant le parti des Anglais, avec lequel je demeurai par l'espace de trois ans.

« Après quoi, messire Thomas me bailla en garde à messire Gouffier Hélias, chevalier, né du pays de Limousin et tenant le parti des Anglais, avec lequel je demeurai deux ans, et tant qu'à une certaine bataille ou assaut qui fut devant le fort de Macère en Limousin, que lors occupaient et tenaient les Français, messire Gouffier fut tué et occis d'une flèche qui fut tirée du fort.

« Après la mort de messire Gouffier, je fus baillé en garde, par aucuns de mes parents et amis, à Richard de Neuville, écuyer anglais, que j'ai servi comme valet, portant son bassinet après lui, par l'espace de quatre ans, jusqu'à ce que le duc de Lancastre passât par le pays de Limousin, au dernier voyage qu'il y fit. Alors, par Géraut du Seel [*d'Ussel ?*], écuyer, mon oncle, je fus présenté au duc, disant que j'étais personne assez âgée et suffisante pour le servir et s'armer, et qu'il voulût bien me recevoir et me faire faire le serment en tel cas accoutumé. Auquel duc de Lancastre et en sa main, je fis lors serment, et par la foi de mon corps, je promis et m'obligeai de servir bien et loyalement le roi d'Angleterre et le duc de Lancastre, à jamais, envers et contre toutes personnes quelconques, sans quitter leur service aucunement sans leur congé. Mon oncle se porta garant par foi et serment, en la main du duc de Lancastre de me faire tenir et accomplir mon propre serment, sur l'obligation de tous ses biens quelconques, corps pour corps et avoir pour avoir.

On aperçoit dès lors clairement le système de défense
adopté par Mérigot Marchès : devenu sujet anglais, il
peut être tenu pour un ennemi du royaume de France,
non pour un traître.

« En la compagnie de mon oncle et en son service,
sous le roi d'Angleterre et le duc de Lancastre, je fus
en service par l'espace de quatre ans, avant que je ne
m'armasse onques en aucune manière. Depuis ce
temps et jusqu'au jour de l'année dernière passée que
je fus pris et emprisonné, j'ai continuellement chevauché, suivi et fréquenté les guerres. À l'armée ou
assemblée qui fut devant le fort de Salignac, je
m'armai pour la première fois.

« Lors, moi, mon oncle, Pierre le Béarnais, capitaine de Chalucet et autres, nous fûmes pris et déconfits par monseigneur le maréchal de Sancerre, et
après, par rançon, mis à délivre.

« Depuis ce temps, j'ai été prisonnier en fait de
guerre par deux ou trois fois ; et continuellement en
la compagnie, force et aide des Anglais, je me suis
toujours armé, et j'ai dommagé le roi et son royaume,
au pays de Limousin et ailleurs où j'ai été, au mieux
que j'ai pu et su, tant à prendre prisonniers français et
forteresses, les mettre et composer à finance et rançon ; et aussi les pays voisins du lieu de Chalucet à
pâtis, pour mon singulier profit et celui des autres
capitaines tenant dans les environs le parti du roi
anglais ; j'ai fait tout ce que l'on peut faire et doit

faire de bonne guerre, comme prendre Français, les mettre à rançon, pris et pillé sur le pays, mené routes de gens sous mon gouvernement par le royaume de France, et y bouter et faire bouter feux.

« Quinze ans sont passés et plus que je ne reçus Notre Sauveur Jésus-Christ, bien que depuis ce temps j'ai été chaque carême confessé.

« Entre la Toussaint et Noël derniers, moi et Guillaume Rémon de Bedos, écuyer, étant alors en une forteresse qu'on appelle le Bois, près de la rivière de Dordogne, pourparlâmes ensemble de plusieurs choses, entre lesquelles cet écuyer, qui était de la garnison du château de Sarlat, me dit et enseigna comment il me le ferait bien prendre, car il voulait en devenir le seigneur ; il me dit qu'en l'étable où étaient les chevaux, il y avait un très grand pertuis qui passait et issait au-dehors de la muraille du château ; qu'il destouperait et ferait désencombrer ce pertuis et par là, moi et mes compagnons, nous pourrions entrer et faire notre plaisir et volonté de ce château.

« Il y a un an ou environ, moi et Perrot le Béarnais, étant ensemble à Chalucet, et après que nous eûmes longuement parlé, le Béarnais me dit que, par aucun de ses amis, que je ne veux point nommer, il était avisé et enseigné comment il pourrait avoir et recouvrer le fort de Nonette, appartenant à monseigneur de Berri, en me déclarant la manière comment : c'est à savoir qu'il conviendrait que de nuit et à échelles l'on entrât 20 ou 30 personnes en la cour basse du château, laquelle n'était aucunement gardée ou, du moins, il n'y avait nulles guettes de nuit qui y veillassent, et que ces hommes se boutassent en certaine vieille étable étant en ladite cour, où il y a plusieurs fûts vides et du merrain, et qu'ils s'y tinssent jusqu'à environ une heure après le lever du soleil, que le capitaine et le portier du château, à coup et à très grande hâte, mettent ceux qui ont guérité la nuit hors du château ; et que, quand ils sortiraient, le portier du château laisserait l'huis et guichet du château ouvert, jusqu'à ce qu'il ait ouvert la porte de la cour basse pour mettre les guetteurs dehors ; aussitôt que les 20 ou 30 hommes verraient le portier agir ainsi, qu'ils se boutassent, missent et entrassent entre le portier et la maîtresse porte du château, par laquelle porte ainsi laissée ouverte, ils pourraient avoir et recouvrer cette forteresse de Nonette, sans aucune offense ou péril, car à l'intérieur ne demeurent que peu ou nulles gens pour la garder.

« Au mois d'août dernier passé, Richard Scosse, écuyer, commissaire de par le roi d'Angleterre à faire tenir les trêves au pays de Limousin, vint me voir au Roc de Vendas, que j'avais fait renforcer. Il me fit commandement de par le roi d'Angleterre de quitter ce fort et de le désemparer, et de tenir et garder les trêves, sur peine d'être banni et réputé et tenu pour rebelle, désobéissant et traître au roi d'Angleterre. Ce commissaire me requit en outre de lui montrer et enseigner les garnisons que j'y avais. Mais à part, tout seul, il me pria de tenir le fort et de me

défendre tout le mieux que je pourrais. Ces paroles
ouïes, ne croyant aucunement méprendre, j'ai depuis
tenu et occupé le fort du Roc de Vendas jusqu'à ce
que, par certain accord fait entre messire le vicomte
de Meaux et messire Guillaume Le Bouteiller, je l'ai
quitté et mis et baillé en l'obéissance du roi.

Ainsi Marchès se prétend toujours l'homme du roi
d'Angleterre, s'étant contenté d'obéir à ses consignes
secrètes. Au service d'un souverain, il refuse d'être
considéré comme le chef d'une compagnie franche
agissant pour son propre compte. Afin de plaire à ses
juges, il va maintenant donner des conseils militaires
qui s'accordent avec le désir qu'ont certains Français,
dans l'entourage royal, de passer à l'offensive et de
porter la guerre en Angleterre.

« Les trêves qui sont entre les deux rois sont grandement dommageables au roi de France et à son
royaume, parce qu'au pays d'Angleterre il y a très
grande famine et que, durant ces trêves, les Anglais
se sont fort avitaillés des biens crûs et étant au
royaume de France et qu'aussi plusieurs marchands
de France y ont fait mener très grande quantité.

« Il y a un an environ, le duc de Lancastre m'envoya
certaines lettres closes en son nom qui me furent pré-
sentées par messire Richard Credo, chevalier anglais ;
ces lettres contenaient, si comme je me recorde, que
je me tinsse bel et bien, ainsi que j'avais accoutumé
de faire, et que je me gouvernasse et gardasse mes
forteresses au mieux que je pourrais et saurais, et

que, les trêves faillies, il passerait la mer et entrerait au royaume de France, à très grande puissance, sans aucune faute.

« Je sais bien que si 1 200 hommes d'armes et 300 arbalétriers étaient au pays de Guyenne et tenaient les champs par un an, ils ne trouveraient aucun homme audit pays pour les combattre, s'il ne survenait à son secours aide et secours par le roi d'Angleterre ou le duc de Lancastre.

« Je sais aussi que si le roi de France ou aucuns de ses officiers allaient au pays de Guyenne, accompagnés de ces gens d'armes et arbalétriers, il y aurait cent forteresses, tant grandes que petites, lesquelles, sous ombre de ce que leurs garnisons pourraient s'excuser par-devers les Anglais de s'être rendues françaises, pour le doute et peur d'iceux, et qu'ils ne détruisissent eux et leurs biens, se rendraient volontiers Français, sans aucune force ou contrainte leur faire.

Il s'agirait donc d'y mener une politique de clémence dont lui, Marchès, espère bien être le premier bénéficiaire.

« Je sais encore du duc de Lancastre et autres gens du pays d'Angleterre qui me l'ont dit, des noms desquels je ne me souviens pas, qu'ils aimeraient mieux combattre le roi de France en son royaume avec 10 000 bassinets et 5 000 archers que combattre les Français au royaume d'Angleterre avec 20 000 Anglais contre 10 000 Français.

« Quand les trêves furent criées et publiées au pays de Limousin, obéissant aux cris et ordonnances sur ce faites, je me partis et vidai de toutes les forteresses que je tenais et occupais au pays, et je les mis en l'obéissance du roi de France et autres, comme il fut dit et ordonné par ceux qui faisaient garder et maintenir ces trêves. Depuis les trêves, pour ce que je ne savais où me loger, et n'avais aucune forteresse ou retrait pour me retraire, j'enforçai et fis emparer et fortifier la place et lieu du Roc de Vendas seulement.

« Et pour ce que, par le comte d'Armagnac, il m'est dû certaine grande somme d'argent pour le service par moi fait au voyage d'Aragon, au service du comte, j'ai tenu le fort pour me récompenser sur lui et ses hommes ; lequel fort, j'ai depuis rendu et mis en l'obéissance du roi.

« Il y a environ un an et demi, le comte d'Armagnac, par ses lettres closes scellées de son sceau, me manda de venir lui parler au fort de Rodez ; lesquelles lettres me furent apportées par Galhard de Besseux, sénéchal de Rouergue ; auquel mandement j'allai à Rodez et là je trouvai le comte accompagné du sénéchal et de Galhard de Wibarc, bourgeois de Rodez, et autres chevaliers et écuyers. Le comte me tira à part lui et, en la présence du sénéchal et de Galhard, il me requit d'être son homme et de lui faire serment de le servir contre tous qui peuvent vivre et mourir et qui lui voudraient faire et porter mal, excepté contre le roi d'Angleterre ; en outre il m'accorda et consentit que je puisse faire mon profit partout là où je saurais et pourrais, sauf en sa terre. Et afin que je tinsse ma foi et serment, il promit de me donner la ville et château de Saint-Geniers sous la rivière d'Oc ; or je tiens que ce fort fut baillé au comte par le roi de France, ne sais la cause pour quoi, avec environ 300 livres de rentes appartenant et appendant au château, et 4 000 francs en or comptant.

« Ouïe la requête du comte, et dons à moi faits, je fis le serment au comte, et ce fait, par le comte ou ses gens, me fut baillée la possession et saisine des ville et château dessus-dits. Avec ce, me fut baillée en chevaux la valeur de mille francs. Par lequel moyen, j'ai servi le comte d'Armagnac au voyage d'Aragon, au mieux que j'ai pu et su ; duquel voyage, pour mes gages et ceux de ma compagnie, il m'est dû par le comte d'Armagnac grande quantité d'argent, et afin d'être de ce récompensé, j'ai fait édifier le Roc. »

L'interrogatoire se poursuit le lendemain, 11 juillet.

Après qu'il eut juré aux Saintes Évangiles de Dieu dire vérité, Mérigot Marchès continua et persévéra ès confessions ci-dessus écrites, lesquelles lui furent lues, mot après l'autre.

Il reprend sa justification :

« Je ne croyais méprendre ou offenser contre la majesté royale, espérant que si le pays de Limousin, par le traité de la paix qui se doit faire entre les deux rois, est rendu aux Anglais ou au duc de Lancastre, que toujours par ce, je demeurasse en sa bonne grâce et amour. Et s'il advenait que le pays fût et demeurât au roi de France, j'espérais que tout ce que j'avais fait me serait pardonné, remis et quitté par chacun des rois, et que par ce moyen j'aurais sa paix et pourrais demeurer sûrement avec lequel que bon me semblait. Mais j'aurais plutôt pris le parti du roi d'Angleterre et ses alliés que celui du roi de France. »

Ce fait, il fut demandé par monseigneur le Prévôt aux conseillers présents leurs avis et opinions comment l'on avait à procéder contre ledit Mérigot et s'il y avait cause assez contre lui par quoi on le dût justicier et qu'il eût desservi mort, et aussi s'il avait assez confessé et dit tout ce qu'il pouvait savoir pour le bien public du pays de Limousin et autres lieux voisins, à l'honneur du roi et au profit de son royaume. Tous délibérèrent et furent d'opinion que pour en savoir plus à plein par sa bouche les noms de ceux qui l'ont conforté, conseillé, pourvu et avitaillé de vivres et autres choses nécessaires pour le fait de la guerre, avec les alliances, foi et promesse qu'il avait envers eux, et des dons qu'il avait faits, le cas échéant, et des crimes et délits qu'il avait commis, si comme il est voix et commune renommée au pays de Limousin que ce prisonnier est chargé d'avoir tué et occis de sa main plusieurs Français, depuis le temps des trêves criées au pays, et d'avoir fait précipiter les Français ou aucuns de ceux qu'il avait pris au Roc de Vendas, au val de cette roche, par quoi ils étaient meurtris et affolés, Mérigot fût mis à question. Auxquelles opinions, monseigneur le Prévôt s'accorda.

On rappelle alors Mérigot Marchès ; puis on l'interroge, en vain.

Pour ce, fut dépouillé tout nu, mis, lié et étendu à la question de la coustepointe, sur le petit tréteau, et avant qu'il fut aucunement tiré, ni jeté eau sur lui, requit instamment qu'on le mît jus d'icelle question, et il dirait vérité. Aussi il fut mis hors de la question et délié. Et après qu'il eut été au feu et se fut chauffé, il fut ramené en jugement sur les carreaux du Châtelet.

La confession reprend :

« Il y a sept ans, le comte-dauphin d'Auvergne, par une lettre de sauf-conduit, m'envoya chercher, et je vins lui parler, en son hôtel, à Arges en Auvergne ; depuis ce temps, chaque année une fois, j'ai bu et mangé avec lui en son hôtel. Afin que je ne dégâtasse sa terre, son pays et ses hommes, et afin que les gens du pays puissent dire à tous qu'ils fussent des pâtis composés et rançonnés à moi, Marchès, le comte, à chaque quartier d'an, depuis sept ans, me payait la somme de 260 francs, une pièce de cire, une pièce de satin et douze aunes de drap ; et pour la terre de Blaive, étant au pays du comte et appartenant à une dame de religion, sa parente, j'ai reçu chaque année, par manière de pâtis rançonné et par la main du comte ou de ses commis, 60 francs.

« Un peu avant ces sept ans, à l'aide d'aucuns de mes gens et alliés, j'avais pris le château de Mercœur, appartenant au Dauphin, où il y avait bien, comme alors il fut dit, tant en joyaux d'or, argent, reliques, or et argent monnayé, comme autres ustensiles et ménage d'hôtel, la valeur de 30 000 livres ou plus. Lequel château, avec tous ses biens, je délaissai au comte, en son honneur, contre la somme de 4 000 francs en or comptant, et 2 coursiers au prix de 500 francs, 25 draps de soie, deux houppelandes neuves fourrées d'écureuil, 20 marcs et vaisselle d'argent que le comte m'envoya.

« Tout ce que j'ai fait de mal contre le roi de France et son royaume, je l'ai maintenant reconnu et confessé, je ne saurais rien dire de plus. »

Pour ce, il fut remis en prison.

Ouïes lesquelles confessions, monseigneur le Prévôt demanda aux conseillers ce qu'il leur semblait d'être fait du prisonnier, et s'il avait assez connu par quoi il dût être condamné à souffrir mort. Tous furent d'opinion qu'il ne fût plus mis à la question.

Le jugement :

Attendu que l'accusé est né du royaume de France et que son père et Mathe Marchès, écuyer, son frère, et ses autres amis, ont tous les jours de leur vie tenu le parti du roi et de son royaume, au vu et au su dudit Mérigot, qu'ils n'ont jamais pu tirer à eux, comme Mathe l'a rapporté et dit aux chevaliers, ainsi qu'ils l'affirment par serment ;

Attendu qu'au temps qu'il s'arma premièrement, il était âgé de 15 à 16 ans, et par ce pouvait bien avoir avis et conseil à son père, à son frère, à ses oncles et autres parents et amis étant et demeurant au pays de Limousin, et bienveillants du roi notre sire, s'il eût bien fait ou non de tenir le parti des Anglais ;

Attendu que par sa confession il a moult de fois été en sa possibilité de se tirer devers le roi et tenir son parti, s'il eût voulu ;

Attendu que par sa confession il a mené route de gens d'armes et été leur chef ;

Attendu qu'il connaît et avoue tenir de l'évêque de Limoges tout ce qui lui échut à la mort de son père, terre, rente et revenu, lequel évêque tient nuement en foi du roi notre sire ;

Attendu les chevauchées, armées, roberies et larcins, feux boutés, prises de gens tenant le parti du roi et de son royaume, et prises de villes et de châteaux ;

Attendu que par sa confession, il appert qu'il a conquis, avant et durant les trêves entre les deux rois, plusieurs forteresses et qu'il en a délaissé certaines qui étaient alors siennes ;

Attendu que, durant ces trêves, et outre et pardessus les défenses et commandements à lui faits, tant
par le roi ou ses gens, commis et députés, que par le
roi d'Angleterre et ses commis, il a édifié, emparé
et fait fort le Roc de Vendas, lequel, contre leur
volonté, il a détenu et fait guerre contre eux et le
pays d'environ ;

Attendu les rébellions et désobéissances par lui
faites et commises contre les rois de France et
d'Angleterre, pilleries, roberies et déprédations qu'il
a faites par sa force et outrage, sans cause ni raison,
contre le roi et ses sujets ;

Attendu qu'audit prisonnier, qui n'est pas chef de
guerre, le roi n'a aucune guerre formelle ou défian-
ces précédant, mais que, par manière de trahison, il
veut prendre, exiger et lever en son royaume pâtis et
rançons, comme déjà il a fait depuis le temps de ces
trêves criées, pendant lesquelles les chevaliers des
susdits ont pour le roi mis le siège au-devant de lui,
lequel à force il a rendu au roi et à ses commis ;

Attendu que, bien qu'il n'ait aucun retrait au pays,
toutefois chaque jour il courait, rançonnait, pillait,
buvait, mangeait et se gouvernait, lui et ses gens et
alliés, sur le roi, ses hommes et sujets ;

Attendu aussi les persévérations et continuations
des crimes, excès, aguets appensés et autres délits
ci-dessus écrits, faits par le prisonnier, dans lesquels
de son pouvoir il voulait persévérer ;

Attendu le serment par lui fait au duc de Lancastre
et au comte d'Armagnac, l'affection singulière qu'il

leur portait contre le roi de France qui est son seigneur droiturier et naturel, et dans la terre et royaume duquel il est né et sujet ;

Considéré aussi l'âge que le prisonnier avait au temps où il dit avoir été baillé à servir un Anglais, il a été délibéré qu'il était très fort traître dudit seigneur et de son royaume, et un très fort larron, meurtrier et bouteur de feu, et qu'il avait comme tel desservi à être exécuté solennellement, pour ce qu'il est noble homme et de noble lignée, et afin qu'il en soit perpétuellement mémoire et que tous autres y prennent exemple, en la manière qui ensuit, c'est à savoir : qu'il soit traîné sur une claie, comme gentilhomme, et après assis en haut sur une poutre, au travers des ridelles d'une charrette et qu'à trompes cornant, il soit mené tant aux halles de Paris qu'ailleurs, aux notables portes de la ville de Paris, èsquelles halles qu'il soit décapité et la tête mise au bout d'une lance sur l'échafaud ; et après, ses quatre membres pendus aux quatre portes de la ville de Paris, et son corps pendu à la justice du roi à Paris.

Vu lequel présent procès et ouïes ces opinions, monseigneur le Prévôt condamna Mérigot à être exécuté par la manière dite, au jour de demain, heure due et compétente.

Le 12 juillet, dernier interrogatoire, au cours duquel le prévôt demande à Marchès « quelle chevance il avait et où elle était », car le roi lui accordait de faire « tel testament que bon lui semblerait » :

« J'ai 8 ou 9 000 francs tant en or qu'en vaisselle d'argent et en joyaux, mais si soigneusement cachés que moi seul pourrais les retrouver, et spécialement 5 à 6 000 francs que j'ai mis en petits coffres ferrés ès rivières de Vences près d'Arches, à une lieue au-dessus de la ville et rivière, du côté devers le pays d'Auvergne. »

Après lesquelles choses ainsi faites, monseigneur le Prévôt, en la présence de ses conseillers et de Mérigot, dit et prononça le jugement de la veille contre le prisonnier.[1]

Froissart évoque sa fin :

« On lui trancha la tête et puis fut écartelé et chacun des quartiers mis et levé sur un estache aux quatre souveraines portes de Paris. À cette fin Mérigot Marchès vint. De lui, de sa femme et de son avoir, je ne sais plus avant. »[2]

---

1. *Registres criminels du Châtelet de Paris du 6 septembre 1389 au 18 mai 1392*, éd. Henri Duplès-Agier, Paris, Charles Lahure, 1864, t. II, p. 177-213 (extraits).
2. Froissart, *Chroniques*, éd. Kervyn de Lettenhove, *op. cit.*, p. 211.

Chapitre IV

GUERRE ET TECHNIQUE

LA PROTECTION DES COMBATTANTS

La seconde moitié du XIVe siècle et les premières années du XVe sont, pour l'armure, une période de rapide évolution et de constants changements. Désormais, l'armure de mailles, constituée par l'enchaînement de petits anneaux de fer ou d'acier, rivés ou soudés, n'est plus jamais employée seule ; on lui superpose des plaques de cuir bouilli, mais surtout de métal, aux dimensions fort variées. Telle est l'armure de plates. Jusqu'à la fin du XIVe siècle, ces plaques sont recouvertes d'une ou plusieurs épaisseurs d'étoffe, qui les maintiennent en place ou simplement les protègent. À partir du début du XVe, quand elles sont assez larges pour couvrir le devant et le dos du buste au moyen de deux pièces seulement réunies par un système de courroies, l'habitude (la mode) est de les laisser à nu : c'est le harnois blanc, qui s'oppose à la brigandine, composée d'un grand nombre de morceaux, aux formes diverses, se recouvrant souvent l'un l'autre comme des écailles de poisson, et nécessairement cloués à une étoffe. Les textes distinguent donc :

— la cotte de mailles ou haubergeon ; ainsi Du Guesclin :

> Un bon gippon ouvré vêtit et boutonna,
> Un haubergeon dessus vêtit et endossa,
> Dessus ce haubergeon, un grand jaque posa.[1]

— le jaque ou gambeson ou cotte gamboisée, vêtement comportant plusieurs épaisseurs d'étoffe — voire de cuir — auxquelles on ajoute parfois une bourre de coton ou de soie :

> Que jaques faits à deux fois doivent être de cinq toiles, de quoi les quatre premières peuvent être vieilles, et la cinquième doit être neuve toile.[2]

— la plate à façon de brigandine ou cuirassine ;
— la cuirasse au sens étymologique du mot :

> Les Turcs ont aussi aucuns haubergeons faits de cuir qu'on pourrait appeler plus proprement cuirasses qu'haubergeons.[3]

1. Victor Gay et Henri Stein, *Glossaire archéologique du Moyen Âge et de la Renaissance*, Paris, A. Picard, 1887, t. I, v° « Armes et armures », d'après *Chronique rimée de Du Guesclin par Cuvelier, trouvère du XIVe siècle*, éd. Ernest Charrière, Paris, Firmin Didot, 1839.
2. Victor Gay et Henri Stein, *op. cit*, t. II, v° « Jaque », d'après René de Lespinasse, *Les Métiers et Corporations de la Ville de Paris*, Paris, Imprimerie Nationale, t. III, 1892, p. 211-212.
3. Victor Gay et Henri Stein, *op. cit.*, t. I, v° « Cuirasse », d'après Brochart l'Allemand, *Passage d'outre-mer*, ms., f. 72vo.

— le harnois blanc ou plain.

En 1386, un seigneur breton, Pierre de Tournemine, avant de combattre en champ clos Robert de Beaumanoir, s'autorise à porter les vêtements suivants :

Je choisis d'être vêtu de chemise et de braies, et une estrainte de toile garnie, comme il appartient, de fil, de boucles et hardillons de fer, acier ou laiton, garnie d'aiguillettes de cuir ou tresse de chanvre, en tel nombre comme il m'en suffira et sera nécessaire et profitable pour lier et attacher les pièces et étoffes de mon harnois ; *item*, par-dessus ma chemise et mes braies, d'une cotte à armer, en toile de lin, chanvre, cendal ou coton avec bourre de soie ; *item*, d'une braconnerie de mailles ou haubergerie de fer ou d'acier, garnie et étoffée de toile de lin, chanvre, coton ou bourre de soie ; *item*, de chausses de toile de chanvre ou de drap ; *item*, de souliers de cuir fermant par des lacets de fil ; *item*, de solerets, grèves, poulains et cuissots garnis d'haubergerie ; *item* d'un haubergeon de mailles de fer, acier ou laiton, de telle longueur comme il me sera profitable pour le corps et les bras, auquel on aura mis et attaché aiguillettes de cuir ou tresses de chanvre, pour lier et attacher mes autres pièces ; *item* de collerette appelée faux camail, de mailles de fer ou acier ; *item*, de plates sur mon haubergeon et autres étoffes de telle longueur comme bon me semblera ; *item*, d'avant-bras et garde-bras de fer et d'acier, garnis de mailles ; *item*, d'un gantelet de fer, acier ou laiton, garni dedans la main de hauberge de

fer ou d'acier ; *item*, d'un chaperon à mettre sous
mon bassinet, de drap, cendal ou satin ; *item*, d'un
bassinet et visière, de fer, acier ou laiton ; *item*, d'un
camail de fer, acier ou laiton, garni de barbière de
fer ou d'acier ; *item*, sera recouvert mondit camail
d'un cendal doublé de toile ou simple ; *item*, d'une
cotte de cendal armoiée de mes armes, doublée de
linge de lin ou de chanvre, étoffée de coton et de
bourre de soie ; *item*, d'une chausse pardessus mon
harnois de cuisses, jambes et pieds, de drap vermeil
ou de cendal.[1]

Un valet d'armes ou un page aide le combattant à
revêtir son équipement ; voici dans quel ordre il procède :

Pour armer un homme, tu dois d'abord lui mettre
les solerets et les fixer aux chaussures ; puis les grèves, et les cuissots ; puis les fauldes ; puis l'armure
du buste, les avant-bras et arrière-bras ; ensuite les
gants ; puis tu dois mettre sa dague à son côté droit,
lui faire endosser sa cotte d'armes, lui poser le bassinet sur la tête ; que le bassinet soit fixé à son
armure par des crampons et des boucles [*il s'agit
d'un bassinet de tournoi*] et puis lui mettre sa longue épée à la main, son pénoncel dans l'autre, peint
d'un Saint-George ou d'une Notre-Dame, qui le pro-

1. Dom Pierre-Hyacinthe Morice, *Mémoires pour servir de preuves à l'Histoire ecclésiastique et civile de Bretagne*, Paris, Charles
Osmont, t. II, 1744, col. 507-508 (extraits).

tègeront quand il aura pénétré dans le champ à combattre.[1]

À la protection du combattant s'ajoute celle du cheval, couramment désignée sous le terme de bardes. Dans la plupart des cas, seule la tête du cheval est correctement protégée par des plaques de métal ; pour le corps, on se contente soit de pièces de mailles, recouvrant par exemple la croupe et les flancs, soit de cuir bouilli ; à partir de 1400, la tendance est de supprimer presque toute protection au cheval, peut-être pour l'alléger au cours du combat, quand il charge, peut-être aussi parce que les cavaliers sont de plus en plus fréquemment démontés avant la bataille.

On s'est efforcé de calculer le poids de cette armure. Il est hors de doute qu'elle a connu, au cours des derniers siècles du Moyen Âge, un alourdissement progressif : le haubert en effet ne dépassait pas 15 kilos, auxquels il faut ajouter les 5 kilos représentant le poids des armes ; à partir de la première moitié du xve siècle, il est raisonnable de penser que ce poids a doublé : 25 kilos pour l'armure complète, 5 pour le bassinet à visière, plus autant pour les armes, soit un total de 35 kilos, répartis sur tout le corps. Cela permettait à un homme d'armes exercé de sauter à cheval et d'en descendre sans aucune aide ; mais, s'il combat à pied, il est réduit à une quasi-immobilité. Quant au cheval, même protégé, sa charge — cavalier compris — ne doit pas excéder 160 kilos : à peu près autant que ce qu'il était prévu dans la cavalerie lourde anglaise ou allemande avant 1914.

1. Charles Ffoulkes, *The Armourer and his Craft. From the xith to the xvith Century*, Londres, Methuen, 1912, p. 107-108 (traduction d'un manuscrit en langue anglaise du xve siècle).

L'équipement de l'homme de pied ordinaire est beaucoup moins lourd : une brigandine pèse une dizaine de
kilos, une salade 3 ou 4. Ajoutons 8 kilos pour ses
autres vêtements et ses armes : nous atteignons un peu
plus de 20 kilos. Or, avec un équipement de près de
30 kilos, le fantassin anglais, selon le règlement de
1911, devait marcher, en manœuvre, 30 miles par jour.
Il reste que, pendant la guerre de Cent ans, au combat,
les hommes de pied bougent peu : c'est que leur tac-
tique consiste à utiliser leurs arcs ou leurs arbalètes
derrière une protection fixe qui brise l'élan de la cavalerie : haies, troncs d'arbres, chariots, pieux fichés en
terre, ou bien grands boucliers, appelés pavois ou targes ; c'est aussi qu'ils sont empêtrés par la variété de
leur armement : à l'arc ou arbalète s'ajoutent en effet
toujours une épée, ou une dague, parfois une hache ou
une hallebarde ; c'est enfin qu'ils ne sont guère exer-
cés à manœuvrer avec ensemble.

LES ARMES

Le combattant par excellence, l'homme d'armes,
écuyer ou chevalier, se déplace toujours à cheval ;
mais, depuis Crécy, il se bat tantôt à pied, tantôt à cheval. Son arme fondamentale est la grande lance —
trois ou quatre mètres de long —, en bois, terminée
par un fer ou glaive. Quand il est démonté, souvent il
la coupe par le milieu, afin de la rendre plus solide et
plus maniable. Mais il dispose aussi d'une épée, d'une
dague, souvent d'une masse d'armes ou d'une hache.
Les gens de pied, plus faiblement protégés, sont par-

fois munis d'une pique assez courte — deux mètres — terminée par un fer large et pesant, destiné à frapper d'estoc. Ces piques portent des noms fort divers : guisarmes, vouges, goedendags chez les Flamands. Un poème d'Eustache Deschamps évoque la variété de cet armement :

De males dagues de Bordeaux
Et d'épées de Clermont,
De dondaines et de couteaux
D'acier qui à Milan se font,
De hache à martel qui confond,
De croiquepoix de fer, de lance,
D'archegaye qu'on jette et lance,
De faussars, espaphus, guisarmes,
De masses de Damas, de fléaux,
De piques que les Flamands ont,
De haucepieds qui sont ineaux.[1]

Arcs et arbalètes

Mais les armes favorites de l'infanterie médiévale restent le grand arc et l'arbalète. L'archerie anglaise de la guerre de Cent ans est munie d'un grand arc généralement en bois d'if ; il mesure 1 mètre 50 au moins ; la portée maximum de ses flèches est de 250 mètres ; mais au-delà de 150, leur efficacité semble médiocre.

1. Victor Gay et Henri Stein, *op. cit.*, t. I, v° « Armes et armures », d'après Eustache Deschamps, *Poésies morales et historiques*, éd. Georges-Adrien Crapelet, Paris, Crapelet, 1832, p. 133.

Les rois de France disposent surtout d'arbalétriers, italiens ou non ; l'arbalète est un instrument en apparence plus redoutable ; elle lance des traits plus courts et plus lourds, parfois incendiaires. Les textes les nomment garrots ou carreaux, dondaines ou semi-dondaines, souvent aussi viretons. La portée de l'arbalète est supérieure à celle de l'arc de 70 à 100 mètres. Un problème technique se pose pour l'arbalète : comment la tendre ? Plusieurs solutions sont apportées : parfois l'arbalétrier provoque la tension de l'instrument par un croc attaché à sa ceinture ; en passant ce croc dans le fil de l'arbalète et en maintenant la tête près du sol au moyen d'un étrier où il pose le pied, il fait passer ce fil derrière l'encoche qui le maintient en place jusqu'au moment du tir ; mais on se sert aussi d'autres systèmes, crics, vis, poulies, ou moufles, pieds de chèvre. L'arbalète est lourde : 7 à 8 kilos ; c'est une arme de techniciens. Derrière les murailles des villes ou des châteaux, on se sert d'instruments plus pesants, les espringales, lançant soit des carreaux, soit des plommées ou grosses balles de plomb. Arcs, arbalètes et traits sont souvent fabriqués en très grosse quantité par les soins du pouvoir royal et entreposés dans de véritables arsenaux : en Angleterre, la tour de Londres ; en France le Louvre ou encore, près de Rouen, le Clos des Galées, où l'on garde le matériel nécessaire aux expéditions maritimes. Un compte du Clos des Galées montre comment se fabriquent les flèches :

À Robin le Courtois, bûcheron, pour avoir abattu en la forêt de Romare et de Rouvray, scié, dolé et charrié dedans ledit Clos trente-deux tronches de hêtre, pour faire coffres à viretons, à mettre l'artil-

lerie du Clos, chaque tronche pour le prix de 5 sous.
Valent .... 8 l. t.

À lui pour sa peine et salaire d'avoir abattu en la
forêt de Rouvray, scié et charrié dedans ledit Clos le
bois de 50 milliers d'estraitures à faire l'artillerie.
Pour ce... 12 l. t.

À Pierre Rastel, fèvre, pour la vente et la livraison
de vingt milliers de clous, le millier pesant huit
livres, de lui achetés pour clouer 514 coffres à mettre
l'artillerie qui se fait de présent au dit Clos, chaque
millier au prix de .... 12 s. 6 d. t.

À Jean Gringoire et Jean Durant, scieur d'ais, Adam
Dunay et Jean Dartiche, et leurs valets, leurs compagnons, pour la peine et salaire d'avoir scié 32 tronches de hêtre que Robin le Courtois, bûcheron, avait
amenées audit Clos pour faire les coffres à mettre
l'artillerie, à laquelle chose ils ont vaqué 15 jours et
demi, à 7 sous par jour pour compagnon et valet.

À Raoul du Bust, huchier, tant pour lui comme
pour ses compagnons, pour leur peine et salaire
d'avoir fait, cloué et ordonné de 32 tronches de hêtre,
514 coffres à viretons ; c'est à savoir ledit Raoul pour
5 jours et demi à 5 s. t. par jour ; Jean Courtois pour
ledit temps à 4 s. t. par jour ; Robin Le Hoteron pour
ledit temps à 3 s. t. par jour ; Robin de Laigle et Robin
Le Bosquillon pour ledit temps à 2 s. 6 d. t. par jour.
Valent lesdites parties .... 6 l. 5 s. t.

À Guillaume Lenglois dit Billart et Ostrehem Le
Fuselier, extrayeurs, pour leur peine et salaire d'avoir
extrait du bois que Robin, bûcheron, avait amené au

Clos 50 milliers de viretons, c'est à savoir chaque millier au prix de 10 s. t. Valent....................25 l. t.

À Colart Le Telier, marchand demeurant en l'évêché de Liège, pour la vente et la livraison de 75 mille de fers à viretons, à lui achetés et rendus dedans ledit Clos pour ferrer l'artillerie, chaque millier au prix de 4 l. t. Valent..300 l. t.

À Eudet de Bessin et Geoffroy Feret pour la vente et la livraison de 26 971 fers à viretons, chaque millier au prix de 4 l. t. Valent ....107 l. 17 s. 9 d. t.

À Eudet de Bessin et à Michel des Mons, fèvres, pour la vente et livraison de 54 700 de fers à viretons, au même taux. Valent...................... 216 l. 7 s.

À Godefroy de la Fosse, pour la vente et livraison de 1 425 pennars d'oie qui doivent bien valoir 14 mille de pennes d'oie, à lui acheter pour empenner l'artillerie, au prix de 3 s. 6 d. t. chaque cent de pennars. Valent..................................10 l. 9 s. 10 d. ob.

À Jean Aoustin, artilleur, pour la vente et livraison de 9 500 de pennes d'oie, chaque millier à 6 s. t. Valent .... 57 s. t.

À Valentin Heuse, artilleur, pour la vente et livraison de 38 mille de plumes d'oie, c'est à savoir 11 000 au prix de 6 s. t. le millier ; 22 mille au prix de 4 s. t. ; 4 000 au prix de 5 s. t. et 1 000 au prix de 4 s. 4 d. t. Valent........................8 l. 17 s. 4 d. t.

À Heliot Le Fuzelier et Valentin Heuse, tant pour eux comme pour Michaut Alison et autres, tous artilleurs, pour avoir ferré 6 100 viretons au prix de 2 s. 6 d. t. le millier ; pour avoir apiqué, ferré et empenné

25 090 viretons au prix de 10 s. t. chaque millier ; pour avoir ferré et empenné 7 900 viretons au prix de 7 s. 6 d. t. le millier ; pour avoir dolé, apiqué, ferré et empenné 15 000 viretons au prix de 15 s. le millier ; toutes lesquelles parties sont en somme de .... 27 l. 10 s. 1 d. t.[1]

C'est à une échelle presque industrielle qu'est fabriqué le matériel de guerre par les armuriers et artilleurs que compte chaque ville.

S'ensuivent les besognes prêtes trouvées à Paris, ès lieux qui s'ensuivent, c'est à savoir :

Thommasse :

12 000 traits communs prêts, à 9 florins le millier ;

1 000 dondaines prêtes, à 30 florins ;

3 000 fûts de grosses dondaines, à 12 florins le millier ;

1 000 fûts de demi-dondaines à 7 florins le millier ;

200 douzaines de flèches, à 8 s. la douzaine ;

12 arcs à main, à 8 s. pièce ;

4 arbalètes de bois de Flandre, à 8 florins pièce ;

50 cranequins prêts, à 20 s. pièce ;

pour entre ici et Pâques, 50 arbalètes de 2 florins et 24 s. p. pièce.

---

1. *Le Compte du Clos des galées de Rouen au XIV⁰ siècle (1382-1384)*, recueilli par René Le Bourdellès, publié et annoté par Charles Bréard, Rouen, E. Cagniard, 1893, p. 20 à 29.

Gilles l'artilleur :

25 grosses arbalètes de 40 et 26 s. p. pièce ;

25 arbalètes moindres du bois de Flandre, 32 s. et 24 s. p. pièce ;

1 000 dondaines prêtes : 20 écus ;

500 demi-dondaines : 6 écus ;

1 000 traits communs : 9 florins.

La veuve de feu maître Pierre Le Masuier :

6 000 grosses dondaines, à 30 florins le millier ;

6 000 demi-dondaines prêtes à 18 florins le millier ;

7 500 de traits communs à 9 florins le millier ;

4 000 fûts de dondaines, à 12 florins le millier ;

9 000 fûts de demi-dondaines, à 7 florins le millier ;

8 000 fûts de traits communs à 5 florins le millier ;

5 grosses arbalètes de bois de Flandre à 8 florins pièce ;

26 autres moindres arbalètes à tendre à croc, 27 et 24 s. p. pièce ;

6 cranequins, à 20 s. p. pièce ;

entre ici et Pâques, 25 arbalètes communes de 32 et 24 s. p. ;

100 douzaines de flèches à 8 s. la douzaine.

Mahiet l'artilleur :

4 arbalètes de 36 et 40 s. p. pièce ;

grande foison de bâtons qui seront prêts en ce carême.

Guillaume Le Lanvedin :

   1 000 grosses dondaines prêtes à 30 florins ;

   2 000 traits communs à 9 florins le millier ;

   10 000 fûts de grosses dondaines à 12 florins le millier ;

   10 000 fûts de demi-dondaines à 7 florins le millier ;

   10 000 fûts de traits communs à 5 florins le millier ;

   100 douzaines de flèches, à 6 s. p. la douzaine ;

   1 grosse arbalète de Romènie à double tillole, 12 florins ;

   2 autres moindres, à 6 florins ;

   10 autres moindres à tendre à croc, à 3 écus pièce.

Guillaume Le Maçon :

   18 arbalètes communes, à 32 et 24 s. p. pièce ;

   3 000 de traits communs, à 9 florins le millier ;

   500 demi-dondaines, à 9 florins.

La Domeline :

   30 milliers de fers communs à 5 florins le millier ;

   12 haches à 24 s. p. pièce.

Le Sueur :

   12 haches à 18 s p. pièce.

Maître Pierre Le Maître :

   6 haches à 18 s. p. pièce.

Pierre Le Beuf :

   36 haches à 24 s. p. pièce.

François Pastoureau :

   2 000 [*livres*] de salpêtre, à 16 écus le cent.

Catherine de Beauvais :
    1 000 l. de poudre, à 10 écus le cent ;
    1 000 l. de salpêtre à 12 écus le cent ;
    grande foison de soufre, 6 florins le cent.
Bequet :
    8 000 l. de poudre, à 10 écus le cent.
Magingault :
    2 milliers de l. de poudre à canon à 10 écus le cent.
Guiot :
    1 500 livres de salpêtre, à 12 écus le cent.
Robin :
    1 400 livres de salpêtre, à 20 écus le cent.
Janet le Gars :
    300 livres de salpêtre, à 12 écus le cent.
En plusieurs lieux de la ville :
    2 000 l. de salpêtre à 12 écus le cent.
Jean Vivien :
    12 arbalètes communes à 4 florins.
Guillaume Prévosteau :
    500 lances, à 6 s. p. pièce.
    D'ici à carême, 1 500 lances et plus si on veut.[1]

L'artillerie à feu

Depuis le début du XIVe siècle, l'Occident connaît et
utilise l'artillerie, au sens moderne du mot. Sans supplanter ni l'arc ni l'arbalète, elle va en revanche ren-

1. B.n.F., fr. 1278, ff. 62-63.

dre assez rapidement démodées les vieilles machines de guerre, plus ou moins imitées de l'Antiquité. Elle joue désormais un rôle très important dans l'attaque et la défense des places, ainsi que dans la guerre maritime, chaque nef étant conçue comme une manière de château flottant. Mais, jusqu'au milieu du XVe siècle, elle ne joue guère de rôle sur les champs de bataille. Vers 1400, cette artillerie est composée de canons de différente longueur et épaisseur. Les plus gros tirent des boulets de pierre ; les plus petits des balles de plomb. Par ordre de grosseur décroissante, ces canons portent les noms de bombardes, veuglaires, crapaudeaux ou crapaudins, serpentins ou couleuvrines.

Les textes qui suivent donnent l'armement d'une nef à cette époque. Le premier est de 1383, le second de quarante ans postérieur.

Dépenses de deniers pour le fait de la mer, faites à Harfleur sur la mer, par mandement de messeigneurs Jean Le Mercier, chevalier, et Étienne du Moustier, commissaires sur ledit fait ordonnés par le roi notre sire, par ses lettres données le 5 mai 1383.

À Guillaume de Baugis, chasublier demeurant à Paris, pour la vente et la livraison de quatre douzaines de bannières armoyées aux armes du roi, lequel marché fut fait à Sainte-Catherine [*du Val*] des Écoliers, et devait coûter chaque pièce, l'une pour l'autre, 4 francs et demi, pour ce payé .... 216 l. t.

À Jean Doulle, voiturier, pour avoir apporté de Paris audit Clos des Galées les quatre douzaines de bannières devant dites, pour ce .... 30 s. t.

À Hennin d'Arques, marinier, pour sa peine et salaire d'avoir apporté en son bateau de Rouen à Harfleur, c'est à savoir 4 gros canons, 13 canons, 222 plommées, 160 livres de poudre à canon, 6 douzaines de bannières et 120 milliers d'artillerie. Pour ce.. 10 l. t.

À Gautier Houel, maçon, et ses compagnons, pour avoir fait et arrondi 160 pierres à canons ordonnées être portées en ladite armée. Pour ce....   40 s. t.

À Richard Partuson pour la vente et livraison de 16 pièces de gros merrain pour faire 4 chevalets pour les 4 gros canons. Pour ce............   10 l. t.

À Colin Putet, berman, tant pour lui que pour ses compagnons, pour leur peine et salaire d'avoir descendu des garnisons de Harfleur, c'est à savoir 230 caisses de viretons, 307 pavais, 204 lances et 6 douzaines de bannières. Pour ce............   24 s. t.

À Jean Debuhen, tonnelier, pour la vente et la livraison d'un baril avec la clef et serrure pour mettre la poudre à canon. Pour ce............   10 s. t.[1]

Pour le secours de la flotte étant présentement à La Rochelle, il est nécessaire d'avoir ce qui s'ensuit :

40 gros vaisseaux à huis, dont 30 fournis chacun de 100 hommes de défense au moins et les autres de 70 ;

item, 26 à 30 barges, en chacune 16 hommes pour les mener où besoin sera, soit en tout 4 100 hommes ;

1. *Le Compte du Clos des galées, op. cit.*, p. 89.

item, en chaque grosse nef, 30 archers et arbalétriers ; en chaque petite, 20 ; soit 1 100 hommes de trait, chacun d'eux munis de quatre douzaines de traits au moins ;

item, dans chaque grosse nef, quatre douzaines de lances et, dans chaque petite, trois douzaines à 6 sous la douzaine ;

item, dans chaque grosse nef, deux douzaines de guisarmes ; dans les autres 18, à 12 sous la douzaine ;

item, dans chaque grosse nef, quatre douzaines de haches ; dans les autres trois douzaines, à 10 sous la douzaine ;

item, dans chaque grosse nef, trois douzaines de targes, et dans chaque petite, 2 douzaines à 5 sous la douzaine ;

item, dans chaque grosse nef, 6 couleuvres, et dans chaque petite 4, plus le plomb et la poudre ;

item, dans chacune des 40 nefs, de bons veuglaires étoffés chacun de 120 pierres et de 60 livres de poudre de canon ;

item des caudetrapes ;

item des crapauds.[1]

Chaque ville a désormais sa propre artillerie. Ainsi Dijon, en 1417 :

S'ensuit l'artillerie pour la garde et sûreté de la bonne ville de Dijon :

1. B.n.F., fr. 1278, ff. 73-74.

Et premièrement, faut avoir 25 canons jetant pierres de 20, 15, 12 et 8 livres le plus petit, dont il y en a déjà 10 ; ainsi en faut encore 15 canons qui pourront coûter environ 160 francs ;

item, 50 canons jetant plombées, dont il y en a déjà 3 ; ainsi en faut acheter 47, qui pourront coûter la pièce 2 francs ; pour ce 94 francs ;

item, faut avoir matière à faire poudre à canon, 5 000 livres, qui pourront coûter au prix de 25 à 30 francs le cent, environ 1 250 francs.[1]

RAVITAILLEMENT

Très importants, les problèmes du ravitaillement sont assez mal saisis à travers les documents qui subsistent. En principe, chaque combattant doit s'entretenir lui-même, grâce à la solde ou aux gages qu'il reçoit ; mais les chefs d'armées se préoccupent des subsistances que leurs hommes pourront acheter ; avant de partir en campagne, ils passent des accords avec des marchands, contre l'assurance que les vivres amenés à l'ost seront régulièrement payés. Ainsi avant l'expédition de Bourbourg, menée par Charles VI en 1383 :

1. Victor Gay et Henri Stein, *op. cit.*, t. I, v° « Artillerie », d'après Joseph Garnier, *L'Artillerie de la ville de Dijon d'après les documents conservés dans ses archives*, Dijon, E. Jobard, 1863, p. 9.

Les seigneurs demandèrent alors à plusieurs reprises comment on se procurerait assez de blé pour tant de troupes, dont le retour était remis à une époque incertaine. Il se trouva un bourgeois de Paris, un gros marchand, nommé Nicolas Boullard, qui se chargea d'en fournir à ses frais ; il envoya par terre et par mer des convois si considérables que pendant quatre mois, plus de cent mille hommes [*sic*] purent acheter comme à l'ordinaire les choses nécessaires à leur subsistance.[1]

En territoire ennemi, le pillage est pratiqué de façon systématique ; mais très vite, les ressources voisines s'épuisent ; on quitte alors la zone dévastée pour exercer plus loin les déprédations habituelles. D'où l'impossibilité pour une armée en campagne de s'arrêter longtemps en un même endroit, sauf si elle a la chance de s'emparer d'une ville abondamment fournie. Les gens de guerre, par la force des choses, sont en perpétuel mouvement. Naturellement, il est plus aisé de pourvoir une place forte en prévision d'un siège ou le ravitaillement d'une garnison qui doit s'y établir durablement :

C'est l'ordonnance faite au château du roi notre sire à Lille pour la garnison d'un an. Premièrement, il y aura audit château 250 sergents de pied : c'est à savoir 30 gentilshommes au taux de 2 s. p. chacun par jour, et 220 autres sergents de pied ; et avec ce 10 hommes d'armes.

1. *Chronique du Religieux de Saint-Denis, contenant le règne de Charles VI, de 1380 à 1422*, éd. et trad. Louis Bellaguet, introduction de Prosper de Barante, Paris, Crapelet, 1839, t. I, p. 265.

Et pour la pourvéance des gens dessus dits pour
un an, il y aura audit château 200 muids de blé ; à
72 s. le muid, valent 720 livres ;

item, 200 tonneaux de vin, à 16 livres par tonneau ; valent 3 200 livres parisis ;

item, 200 rasières de sel, à 6 s. la rasière ; valent
60 s. p. ;

item, 260 lards, à 32 s. p. le lard ; valent 416 l. p. ;
item, 20 muids, que pois que fèves, 50 s. p. par muid,
l'un pour l'autre ; valent 50 l. p. ;

item, 6 tonneaux de vinaigre, 16 l. p. le tonneau ;
valent 96 l. p.[1]

Assez analogue est le ravitaillement des bateaux de
guerre :

Ce sont les choses des garnisons ordonnées et ache-
tées pour le fait de la seconde armée de la mer, dont
mons. le Connétable de France est le chef, livrées et
baillées à maître Gilles le Foulon, à l'Écluse, secrétaire de mons. le duc de Bourgogne, par Hervieu de
Neauviller, maître desdites garnisons, pour distri-
buer à l'ordonnance dudit seigneur :

550 queues de vin ; 1 591 tonneaux de biscuits ;
486 lards entiers ; 8 850 heux de blé, qui sont esti-
més au prix de 100 heux pour 11 muids de Paris :
soit 973 muids et 6 setiers de blé.[2]

1. Ernest Petit, *Le Maréchal de Noyers, porte-oriflamme, grand
bouteillier de France, 1291-1350*, Auxerre, Gustave Perriquet, 1874,
P.J. XIII, p. 254-256.
2. B.n.F., fonds Clairambaut, vol. 822, f. 12.

Chapitre V

ÉTHIQUE ET PRATIQUES
DE LA GUERRE

Vers le milieu du XIVᵉ siècle, un peu partout à travers l'Europe occidentale, se sont multipliés les ordres de chevalerie nationaux. Ces créations, à bien des égards artificielles, sont destinées à faire revivre l'idéal chevaleresque de la grande époque féodale ; mais elles ne sont point totalement dépourvues d'importance politique ou sociale, voire militaire. Pour le prince qui les fonde, il s'agit de s'assurer le concours indéfectible d'une élite de grands personnages, qui, sur le champ de bataille, lui montreront un dévouement particulier. Les ordres de chevalerie s'ajoutent ainsi aux autres structures qui unissent les hommes au combat : la fraternité d'armes, le lien féodal, le sentiment enfin d'appartenir à une même communauté — ville, province, pays ou nation.

Dans ces cénacles, dont les membres se réunissent périodiquement, les faits d'armes sont passionnément commentés. Peu à peu, il s'y élabore une doctrine morale, légale et sociale de la guerre, qui repose sur des fondements divers : droit canon, droit romain ou écrit, vieilles traditions féodales dont certaines remontent aux temps carolingiens, sans compter les apports nouveaux que suscite la pratique et qui font en quelque sorte jurisprudence. Un grand seigneur de l'entourage de Jean le

Bon, Geoffroy de Charny, qui, après avoir suivi les
guerres du roi de France pendant vingt ans, devait mourir héroïquement à Poitiers comme garde de l'oriflamme
de France, a dû faire partie de l'ordre de l'Étoile ou de
la Très Noble Maison, fondé en 1351 par le roi Valois
pour faire pièce à l'ordre de la Jarretière créé par
Édouard III en 1349. À l'intention du nouvel ordre de
l'Étoile, il a fait rédiger un petit ouvrage où, à travers
une problématique très serrée et subtile, il évoque quelques problèmes relatifs à la guerre, à la chevalerie, aux
tournois. Il distingue d'abord les différentes sortes de
gens de guerre :

Ceux qui joutent et qui tournoient ; ceux qui ont
guerre pour défendre leur honneur et héritage ; ceux
qui ont guerre pour défendre l'honneur et héritage
de leurs amis charnels, comme ceux qui servent leur
droit seigneur en ses guerres ; ceux qui se rendent
en pays étranges et lointains ; ceux qui se partent de
leur pays pour acquérir renommée, et vont en Lombardie et en Toscane, en Pouille ou en autre pays, là
où on donne soldes et gages, et se mettent en état de
chevaux et d'armures parmi les soldes et gages qu'ils
reçoivent. Certaines gens ne peuvent pas même être
appelés hommes d'armes, comme ceux qui guerroient
sans cesse sans raison de guerre, ou ceux qui combattent les autres sans défiance.

Quatre « très mauvaises tâches » chez eux :

roberie sur les chemins sans nulle bonne cause ; meurtre d'autrui pour mauvaise cause ; prise des biens

d'autrui sans défiance ni sans méfait ; prise des biens d'Église.

> Le chevalier — l'homme d'armes par excellence — appartient à un ordre. Pas plus qu'un ordre religieux, l'ordre de chevalerie n'est facile. Il nécessite une ascèse et un renoncement continuels. Nul ne peut refuser de s'armer pour défendre son seigneur, son lignage, son Église, sa foi. Entrer dans un ordre religieux, c'est apprendre à jeûner quand il convient de manger, à veiller quand il convient de dormir. L'ordre de chevalerie a les mêmes exigences. Aussi l'entrée dans la chevalerie s'organise-t-elle en une liturgie dont les rites, désormais alourdis d'une symbolique complexe, sont sans doute, au XIVe siècle, très rarement respectés.

Si devez savoir que, quand on fait chevalier nouvel, il convient de commencement qu'il soit confès et repentant de tous ses péchés et qu'il se mette en tel état que pour recevoir le Corps de Notre-Seigneur. Et puis quand vient la veille qu'on doit être chevalier l'endemain, il se doit mettre en un bain et y demeurer une longue pièce en pensant qu'il doit laver et nettoyer dores en avant son corps de toute ordure de péché et déshonnête vie, et toute cette ordure doit laisser dedans cette eau. Adonc il se doit partir tout net de conscience de cette eau et de ce bain, et se doit aller gésir en un lit tout neuf, et les draps blancs et nets, et là se doit reposer comme ceux qui sortent de grand travail de péché et du grand péril du tourment des diables. Puis les chevaliers doivent le vêtir de

neuf draps et linges, et cotte vermeille, en signifiance
qu'il est tenu d'épandre son sang pour la foi de Notre-
Seigneur défendre et maintenir, et les droits de cette
Église, et toutes autres droitures que chevalier soit
tenu de faire. Et puis les chevaliers lui apportent
chausses noires, en signifiance que de terre il est
venu et en terre doit retourner pour la mort qu'il doit
attendre, dont il ne sait l'heure, et pour ce doit mettre
tout orgueil dessous ses pieds. Et puis les chevaliers
lui apportent une courroie toute blanche et l'en cei-
gnent, en signifiance qu'il est environné tout autour
de son corps de chasteté et de netteté de corps. Puis
les chevaliers le mènent à grande joie en l'église, et en
l'église doit demeurer et veiller toute la nuit jusqu'au
jour, en très grande dévotion, en priant Notre-Seigneur
qu'il lui veuille pardonner les mauvais dormirs et
veilles qu'il a faits au temps passé. Le lendemain, les
chevaliers l'amènent à la messe. Et quand la messe
est dite et chantée, les chevaliers lui amènent d'autres
chevaliers qui lui doivent bailler l'ordre, dont un
baille deux éperons dorés à deux chevaliers qui chacun mettent le sien aux pieds du futur chevalier, en
signifiance que l'or est le plus convoiteux métal qui
soit et pour ce on les met au pied, afin que soit ôtée
du cœur toute mauvaise convoitise d'avoir ; le chevalier qui lui doit bailler l'ordre de chevalerie, prend
une épée, pour ce que l'épée tranche de deux parts ;
ainsi doivent garder et soutenir et maintenir droiture,
raison et justice de toutes parts ; et puis le chevalier
qui lui baille l'ordre le doit baiser en signe de con-

server l'ordre, et que paix, amour et loyauté soit en lui. Et puis il lui doit donner la colée, en signe qu'à toujours désormais, il doit se souvenir de cet ordre de chevalerie qu'il a reçu et de faire les œuvres qui peuvent appartenir à cet ordre.

> Mais le propos de Geoffroy de Charny est surtout pratique. Il s'agit de définir le contenu de ce que les contemporains appellent « usages », « coutumes », ou « droit d'armes ». Ce droit concerne tous les hommes de guerre : il porte sur des questions variées, où la discipline militaire, les prisonniers, les rançons et les butins occupent la première place.

Ce sont les demandes pour la guerre que je, Geoffroy de Charny, fais à haut et puissant prince des chevaliers Notre-Dame-de-la-Noble-Maison, à être jugées par vous et les chevaliers de votre noble compagnie.

Quand un homme d'armes a tant fait en armes qu'il est tenu comme bon pour ce métier, si cet homme d'armes se trouve en place là où gens d'armes se combattent, et qu'il en part, fuyant à son déshonneur, que lui convient-il faire pour recouvrer son honneur ? Convient-il qu'il fasse autant ou plus qu'il avait fait et comment ?

Un homme d'armes tient un autre homme d'armes comme prisonnier ; sa rançon a été accordée : il doit l'apporter en la main de son maître sans autre mot nommer et en certain lieu et jour. Le prisonnier vient en son lieu et jour, garni de sa rançon, mais il trouve son maître mort piéça devant. Ainsi demeure-t-il là

tout le jour. Puis se présentent devant lui les héritiers
de son maître et demandent ses deniers au prisonnier.
Celui-ci dit qu'il n'y est point tenu. Assez, il y a de
bonnes raisons d'une part et d'autre. Qu'en sera-t-il
jugé par droit d'armes ?[1]

La casuistique de Geoffroy de Charny est très variée.
En voici d'autres exemples : un homme d'armes en
fait un autre prisonnier, il le met à rançon, payable en
trois ou quatre termes. Le prisonnier promet de faire
tout ce qu'il peut, et sinon de revenir en prison. Il paye
le premier terme, mais ne peut payer le second. Il
revient auprès de son maître, qui le met à une rançon
plus grande. Qu'en sera-t-il jugé par droit d'armes ?
— Un homme d'armes s'empare d'un chevalier en lui
faisant croire qu'il l'est aussi. Il reçoit la foi de son
prisonnier qui s'aperçoit ensuite qu'il n'est qu'un ser-
gent, un roturier. Demeure-t-il alors son prisonnier ?
— Supposons une garnison. Par permission du capitaine, une partie de celle-ci s'en va courir et rapporte
du butin dont ceux qui sont restés réclament une part.
Faut-il la leur accorder ? — Un prisonnier maltraité
par son maître s'échappe. Le maître le réclame : il
refuse. En a-t-il le droit ? — Un capitaine commande
à un homme d'armes d'être à son frein et corps. Celui-
ci accepte ; mais au cours de la bataille, il voit son
propre frère en danger de mort. Doit-il rester près de
son capitaine ou secourir son frère ?

La guerre fait aussi l'objet, de la part des clercs, de
réflexions théologiques et morales. La plus célèbre

1. B.n.F., n. a. fr. 4736, ff. 36 à 39vo, 73vo à 75vo, 8vo, 19vo. Les cas
d'armes résumés : 17vo, 19vo, 26vo et 27ro.

d'entre elles est sans doute, pour la fin du Moyen Âge, l'*Arbre des batailles*, dont on compte une trentaine de manuscrits rien qu'à la Bibliothèque nationale de France et qui a été imprimé dès 1481. Son auteur, Honoré Bouvet, ou Bonnet, est un Provençal, devenu moine à l'abbaye de l'Île Barbe (Lyon) puis prieur de Selonnet, dans le diocèse d'Embrun. En 1387, il fait paraître son œuvre et la dédie à Charles VI.

Honoré Bouvet n'a nulle intention de faire partout un travail original : il n'hésite pas à utiliser ses prédécesseurs, historiens ou canonistes. Sa source principale est le *De Bello, de represaliis et de duello* du juriste bolonais Jean de Legnano, son aîné d'une génération. Il veut fournir, en particulier, une explication cosmique de la guerre, qu'il puise dans les écrits astronomiques d'Aristote.

Si c'est chose possible que le monde soit en paix naturellement.

En cette partie, me plaît de faire une question assez belle et forte, ce m'est d'avis, dont je demande tout premièrement si c'est possible que ce monde soit en paix et sans bataille. Et je vous dis premièrement que nenni. Or ferai une telle raison selon les philosophes : c'est impossible chose que le ciel se repose, c'est-à-dire qu'il ne se remue d'un lieu, car continuellement il se retourne d'Orient en Occident et d'Occident en Orient, mais les corps terriens si se meuvent au mouvement du ciel, dont apert naturellement que commotion vient entre les corps terriens.

Item, plus fort : les corps terriens se gouvernent par les corps célestiaux, selon ce que dit le Philosophe.

Mais il est claire chose que les corps célestiaux font
venir ès corps terriens natures régnant en diversités de
condition, ainsi comme pouvez voir de la lune qui,
quand elle est pleine, elle engendre ès choses terriennes force et vertu, et quand elle est en décours, qu'elle
n'est mie pleine, les choses terriennes sont plus faibles
et moins vertueuses.

Item, je vous en donnerai clair exemple : car
selon ce que dit Aristote, c'est chose nécessaire que
ce bas monde soit joignant aux hauts cieux et aux
corps souverains, c'est-à-dire que les corps terriens
prennent leur condition et pleine nature selon la disposition des étoiles, mais il est claire chose qu'entre
les étoiles, est naturelle rébellion et contrariété, car
l'une engendre chaud et l'autre froid, l'une amour
et l'autre dissension, l'une luxure et l'autre chasteté,
l'une sang et l'autre mélancolie. Donc, puisque con-
tradiction est entre elles, doit bien être entre les
corps terriens, lesquels se gouvernent par leur mouvement.

Aucunes fois les guerres et les querelles sont encom-
mencées par personnes simples ou follement sont
entreprises, mais ceux qui viennent après et ne savent
les raisons, font bonne guerre car chacun pense avoir
bon droit pour ce, car ils ne savent la raison pour quoi
fut la guerre au commencement.

La guerre phénomène cosmique : c'est dire qu'elle
appartient à la nature de l'homme, qu'elle est de droit
naturel ; conduite comme elle doit l'être, pense Bouvet,

elle n'est pas plus immorale que la justice ou la médecine.

En cette partie, je demande de quel droit vient bataille, et je dis que nous avons un droit, que nous appelons droit divin, et bien penseraient aucuns hommes simples que par ce droit, bataille fût réprouvée, et par cette raison qu'en bataille se font plusieurs maux, et faire mal est chose condamnée et réprouvée par ce droit de Dieu.

Je vous dis que cet argument ne vaut rien, car il est vérité que bataille n'est mie male chose mais est bonne et vertueuse, car bataille ne regarde autre chose selon sa droite nature que retourner tort en droit et faire retourner en paix, selon ce que dit l'Écriture. Et si en bataille se font plusieurs maux, ce n'est mie selon la nature de bataille mais est faux usage, si comme un homme d'armes prend une femme et lui fait vergogne et honte ou fait mettre le feu en l'église : cela ne vient mie de nature de bataille mais est faux usage de bataille.

Aussi ce n'est nullement perdre son âme que de faire la guerre.

Si un chevalier meurt en bataille, si nous dirons que son âme soit sauvée.

Il semble bien que nenni, car selon une opinion, guerre ni chevalerie ne se peuvent servir sans péché. *Item* plus fort : si un clerc meurt en bataille, il ne doit mie être mis en terre ou lieu sacré, ni en église, ni en cimetière. La raison en est que mortel homme qui meurt en ire et en male volonté, on croit qu'il soit mort en péché mortel. Et ainsi peut-on penser d'un chevalier.

Mais, nonobstant cet argument, je ferai trois conclusions : la première soit celle-ci que vraiment un chevalier ou un homme d'armes qui meurt en bataille ordonnée pour l'Église, si comme est contre les Sarrasins ou contre les ennemis du pape ou de la foi, mais qu'autrement ne soit en péché mortel, il s'en va au paradis. Car ainsi dit le Décret. La seconde conclusion si est que si un homme d'armes meurt en bataille pour guerre juste et pour maintenir juste querelle, que aussi il sera sauvé en paradis. La tierce conclusion est que, s'il meurt en bataille juste non maintenant justice il est en voie de damnation, car nous tenons selon notre foi que celui qui meurt en péché mortel s'en va en enfer.

Toutefois, la guerre ne saurait être l'affaire des clercs, à moins qu'ils ne soient contraints de défendre leurs biens et leurs personnes. Ayant horreur du sang, l'Église ne doit pas davantage payer les impôts destinés à la guerre.

Si les gens d'Église doivent payer taille ou impositions.

Maintenant parlons d'une matière qui souvent advient. L'empereur veut faire guerre contre les cités de Lombardie et, car la voie est assez longue, il fait une imposition sur tout le pays. Je demande si les prélats, lesquels tiennent villes et châteaux de lui, doivent payer de cette imposition. Mais, car cette question est assez déterminée et clairement en droit, je n'en ferai ja grandes paroles car, ce dit le droit, les prélats pour bataille faire, ne payent nuls subsides ni imposition et la raison si peut être car il semblerait qu'à épandre sang et à faire morts d'hommes et plusieurs autres illicites choses ils seraient participants, et ce ne doit mie être.

À la fin du Xe siècle et au début du XIe, à l'initiative de l'Église, s'étaient développées en Occident les institutions de paix : trêve de Dieu, interdisant la guerre durant certains jours de la semaine (du jeudi au dimanche) et certaines périodes de l'année (le temps de Noël, le temps du carême), et paix de Dieu, protégeant tous ceux qui sont désarmés, les clercs, les femmes, les pèlerins, les paysans. Elles apparaissent encore, passablement déformées, dans l'*Arbre des batailles*.

Je demande en cette partie si bataille se doit faire à jour de fête. Et je prouve tout clairement que non. Car les fêtes sont ordonnées pour Dieu servir, donc on se doit tenir de faire bataille comme de faire toutes autres œuvres mondaines. Et en espécial, les décrets disent que bataille ne se doit faire à jour de fête ni en féries.

Mais je puis bien prouver tout le contraire. Car tout premièrement je trouve en l'Ancien Testament comment tout le peuple ordonna que si aucunes gens venaient contre eux, ils ississent pour faire bataille. Or sur ce débat je dis vraiment que, pour cause de nécessité, au jour de fête on peut faire bataille, car si le roi d'Angleterre venait à tel jour contre le roi de France, au roi serait nécessité pour son honneur et pour son état de soi combattre. Et cette doctrine nous donne notre maître Jésus-Christ quand il, au jour de sabbat, guérit un malade pour la nécessité qu'il avait. Mais si nécessité n'était de faire guerre, je dis qu'à jour de fête ne se doit mie faire. À Dieu plaise que gens d'armes se veuillent à ce maintenir car j'ai peur que peu en aient que faire : quand ils voient leur avantage, aussi bon leur est de chevaucher ou écheller ou prendre pillage le jour de Pâques comme le jour de Carême prenant.

Quelles choses ont au temps de guerre sauf-conduit sans demander.

Or nous faut voir des autres choses qui, en temps de guerre, ont sauf-conduit sans demander, car, puisque vous avez ouï ès choses dessusdites comment prélats, chapelains, diacres et aussi convers, ermites, pèlerins et toutes gens de Sainte Église doivent être en sûreté, supposé qu'ils n'aient sauf-conduit, ne peut chaloir car droit le leur donne. Aussi dis-je que bouviers et tous gagneurs laboureurs de terre avec leurs bœufs quand ils vont labourer et qu'ils font ce métier et quand ils s'en retournent sont sûrs, selon droit écrit. Et certes la raison n'est mie mauvaise ;

ains est expédient et convenable pour toutes gens car ceux qui labourent les terres, si labourent et travaillent pour toutes gens et pour tout le monde et de leur labour vient le vivre de toutes gens. Et donc n'est-il mie raison qu'on leur fasse mal, car ils n'ont cure de guerre ni d'attendre autrui.

Enfin, évoquant le problème des prisonniers, Honoré Bouvet aperçoit clairement l'évolution qui, sous l'empire de la loi du Christ, s'est produite depuis l'Antiquité.

Je demande quel droit donnait la loi ancienne à un homme d'armes ou de guerre quand il en prenait un autre. Et je vous dis que celui qui était pris était serf à celui qui le prenait, et si le pouvait vendre, comme on vend une perdrix à un chevalier ou une brebis au marché. *Item*, celui qui le prenait le pouvait tuer et de lui faire sa volonté. Regardons, je vous prie, si un chrétien prend aujourd'hui un autre, s'il en pourrait faire ce que les lois anciennes jadis en devisèrent, et je réponds vraiment que nenni, car entre les chrétiens ces lois ne furent mie en commun usage, et si est très inhumaine chose de vendre son frère chrétien, lequel est mis hors de servitude par le sang de Notre-Seigneur Jésus-Christ.[1]

1. Honoré Bonet [Bouvet], *L'Arbre des batailles*, éd. Ernest Nys, Bruxelles, C. Muquardt, 1883, IIIe partie, chap. II ; IVe partie, chap. I, LXII, L, C et XLV.

Les problèmes juridiques nés de la guerre sont, en France, du ressort de la *Table de marbre*, ainsi appelée parce qu'elle siège autour de la grande table de marbre placée dans l'une des salles du Palais du roi, en l'île de la Cité. Elle se compose du tribunal du connétable (*audiencia constabularii Francie*) et du tribunal des maréchaux (*curia marescallorum*) dont la compétence respective s'est progressivement précisée :

Les droits de la juridiction appartenant à l'office de connétable de France, déclarés par maître Guillaume Le Tur, président en Parlement.

L'office de connétable est le principal et premier office de France en honneur et prérogative, et procède et va devant le chancelier et tous autres.

. . . .

Item, monseigneur le connétable doit connaître de tous gages de bataille.

Item, monseigneur le connétable doit connaître de toutes personnes qui sont prisonniers et sous ombre de guerre tiennent prison ou de leur rançon et débat entre eux et leurs maîtres.

Item, doit connaître de toutes pilleries, roberies et autres choses faites et advenues au fait de guerre et par manière de guerre, et de tous les dommages que les demandeurs maintiennent à eux être faits par autrui, sous ombre et par manière de guerre.

. . . .

La juridiction des maréchaux de France et leurs charges.

Les maréchaux de France ont la charge, la garde et le gouvernement de l'ost où ils sont, combien que monseigneur le connétable est le plus grand, et quand marchands sont pillés et endommagés durant l'ost, messeigneurs les maréchaux en connaissent.

. . . .

Item, si un débat vient entre gentilshommes et autres, les maréchaux disent qu'ils en doivent connaître, et en peuvent bien connaître, ou leur prévôt, durant l'ost, mais monseigneur le connétable peut évoquer la cause devant lui.[1]

> Lorsqu'un litige oppose deux gentilshommes appartenant à deux pays en guerre, ils peuvent recourir à la procédure du gage de bataille, dans laquelle on prouve son droit en exposant son corps au cours d'un duel en champ clos. Ils peuvent encore accepter l'un et l'autre le jugement d'un tribunal, soit régulier (ainsi le Parlement de Paris), soit créé pour la circonstance (cour de chevalerie). Mais si l'accusé refuse, il ne reste au plaignant qu'un seul recours, la réversion d'armes, cérémonie rituelle par laquelle l'adversaire, pendu publiquement en effigie, ses armes renversées, est considéré comme déshonoré.
>
> Le texte qui suit montre en action une cour de chevalerie.

Le procès sur le gage de bataille que voulait faire Louis de Molpré, de Bourgogne, à l'encontre de Pierre Pèlerin, du Dauphiné, après la bataille obtenue par la grâce de Dieu contre le prince d'Orange.

1. B.n.F., fr. 5241, f. 30ro *sq.*

Au nom de Notre-Seigneur, *amen*. Sachent tous présents et à venir que, l'an de Notre-Seigneur mil quatre cent trente et un, le mardi 10e jour de juillet, en la cité de Vienne, dans une galerie basse à l'hôtel de l'abbaye Saint-André, auxquels lieu et jour avaient été assignés par haut et puissant seigneur monseigneur Raoul, seigneur de Gaucourt, gouverneur du Dauphiné, conseiller et chambellan du roi, dauphin de Viennois et comte de Vienne, pour et au nom de notre souverain seigneur, noble Louis de Molpré, écuyer de la comté de Bourgogne, appelant, d'une part, et noble Pierre Pèlerin, écuyer du pays du Dauphiné, appelé et défendant d'autre part, à comparaître par-devant mondit seigneur le gouverneur, juge élu en ce cas par les parties sur leur débat, comme il appert par les lettres ci-dessous écrites.

En laquelle galerie, élue comme la plus convenable place et plus ample pour donner audience aux parties sur leur débat, les sièges faits et bien tapissés comme il appartenait, vint monseigneur le gouverneur, ledit jour, au matin, environ huit heures, et lui assis au siège haut pour ouïr les parties et leur faire justice et raison.

Le texte dénombre alors les conseillers et juristes qui l'accompagnent ; le gouverneur demande à un héraut d'aller chercher l'appelant, qui est logé à l'enseigne du Mouton ; il comparaît un peu plus tard, accompagné d'une dizaine de nobles bourguignons. Tous mettent genou en terre, font révérence au gouverneur qui les fait lever et asseoir sur des sièges placés plus bas, à sa droite. Puis on va chercher Pierre Pèlerin. Même cérémonial. Lui et sa suite sont placés à sa gauche. Un héraut réclame le silence. Le gouverneur s'adresse aux parties :

« Sur le débat que vous avez, vous m'avez élu pour votre juge ; je suis venu ici pour vous ouïr et pour vous faire, à l'aide de Dieu, bonne justice et raison. »

Il se tourne vers Louis de Molpré et lui demande s'il ne veut rien dire ou proposer. Molpré lui tend un rouleau de papier que le gouverneur lit.

Après dit : « Louis, vous faites mention en votre cédule d'une épée, où est-elle ? » Alors Louis, son chaperon ôté, se leva et tira de dessous le manteau de l'un de ceux qui l'accompagnaient une épée à manière de coustille, toute nue, bien enrouillée à un anneau ou crochet joignant à la croix ; laquelle il bailla entre les mains du héraut Bourbon qui la montra en haut devant tout le peuple. « Mon très redouté et très honoré seigneur, vrai est que Pierre Pèlerin fut mon prisonnier le jour de la Trinité en l'an mil quatre cent trente, et me donna la foi, rescoux ou non rescoux, et voici l'épée qu'il portait ; aussi lui ai-je récrit par plusieurs fois, qu'il voulût tenir sa foi, dont il n'a rien fait, mais veut soutenir qu'il n'est pas mon prisonnier ; c'est pourquoi je suis venu par-devant vous pour faire et accomplir, à l'aide de Dieu, le contenu

de mes lettres que je lui ai écrites, et faire tout ce qui
en sera ordonné par vous. »

Interrogé à son tour, Pèlerin demande un délai. La
reprise est prévue pour trois heures de l'après-midi.

Ce même jour, dixième de juillet, à heure de
vêpres, retournèrent monseigneur le gouverneur et
autres au même lieu. La cédule baillée par Pierre
Pèlerin fut lue à haute voix : « Mon très redouté et
honoré seigneur, j'ai vu la cédule de Louis de Molpré et la demande qu'il fait à l'encontre de moi et
qu'il a baillée aujourd'hui en votre présence : j'y
réponds et dis que son contenu n'est pas vrai, et
m'offre toujours de me défendre et de faire tout ce
qui sera par vous ordonné. »

On produit alors copie des lettres échangées entre
Pèlerin et Molpré.

1. « [À] Pierre Pèlerin, écuyer,
Comme il est vrai et bien le savez que, le jour que
mon très redouté seigneur monseigneur le prince
d'Orange eut la besogne devant Colombier et à la
chasse que vous donnâtes à ses gens jusqu'à Anthon,
ce même jour, à l'escarmouche que de votre côté
vous donnâtes devant Anthon, vous fûtes par moi
aprisonné et me donnâtes la foi, rescoux ou non rescoux, à telle enseigne que j'en eus votre épée. C'est
pourquoi je vous requiers que veuillez venir tenir

votre foi, dans les douze jours prochains venant après que vous aurez reçu ces présentes, au lieu de la Rivière, qui est assis entre la ville de Pontellier et celle de Nozeroi. Je vous enverrai sauf-conduit bon et suffisant.

Donné sous mon scel à Lons-le-Saulnier, le lendemain de la fête Saint-Jean-Baptiste, 25e jour de juin l'an 1430.

Louis de Molpré, écuyer. »

2. « [À] Louis de Molpré,

Je, Pierre Pèlerin, vous fais savoir qu'aujourd'hui, j'ai reçu une lettre faisant mention que je suis votre prisonnier. À laquelle chose je vous fais réponse que je ne suis et ne fus onques votre prisonnier, rescoux ou non rescoux, ni ne vous ai baillé mon épée pour enseigne. Si vous voulez maintenir le contraire, je suis prêt à prouver mon corps contre le vôtre qu'il est ainsi comme je le dis. Si vous offre pour juge le roi, mon souverain seigneur, ou monseigneur de Gaucourt, gouverneur du Dauphiné, ou monseigneur de Grôlée, maréchal dudit pays. Et afin que vous sachiez que ces lettres viennent de ma volonté, je les ai scellées, en l'absence de mon scel, de celui de Syberet Revoyre, mon capitaine, et signées de ma propre main. Donné à Crémieu, le 7e jour de septembre l'an 1430.

Pierre Pèlerin. »

Dans sa réponse, Molpré accepte la proposition de son adversaire, mais avance d'autres juges : le duc de Bourgogne, le prince d'Orange, le maréchal de Bourgogne ou encore le duc de Savoie qui a l'avantage d'être neutre. Si Pèlerin refuse, il le portera « pendu armoyé de ses armes ainsi qu'il appartient à parjure et à foi mentie ». C'est la procédure de la réversion d'armes. Mais Pèlerin réplique qu'il est le défendeur, et que c'est donc à lui « selon droit d'armes » qu'il appartient de choisir ses juges. Molpré se résoud à accepter l'arbitrage de Gaucourt ; il demande et obtient un sauf-conduit pour lui et sa suite.

Une fois ces pièces transmises et lues, Gaucourt demande à Molpré et à Pèlerin s'ils n'ont rien d'autre à ajouter, puis :

Vu donc que vous ne voulez autre chose dire ni bailler, je mettrai en délibération de conseil tout ce que vous avez dit et baillé par écrit devant moi, et vous ordonne demain, à heure de trois heures après-midi, être ici et comparaître par-devant moi, et alors je procéderai à la matière, à l'aide de Dieu, ainsi que je trouverai par conseil être à faire.

Mercredi 11 juillet.
Dans la séance du matin, le conseil décide d'interroger encore l'appelant et le défendant. À trois heures, les deux écuyers sont de nouveau introduits.

Molpré : « Monseigneur, vous plaît-il que je parle ? »

Le gouverneur : « Oui, Louis, dites ce que vous voudrez. »

Molpré : « Ce que j'ai dit est vérité et je veux prouver par mon corps que Pierre Pèlerin fut mon prisonnier et me donna la foi, rescoux ou non res-

coux, et suis prêt de prendre jour à demain, car ainsi
je le veux prouver par mon corps contre le sien. »

Toutefois, Molpré ne jeta point de gage sur la place
contre Pèlerin, de quoi plusieurs murmurèrent.

La parole est donnée à Pierre Pèlerin :

Pèlerin : « Mon très redouté seigneur, je dis que ce
qu'a dit Louis de Molpré n'est pas vérité, et le lui nie,
et dis qu'il a menti, et de ce je suis prêt à me défendre
par mon corps et montrer qu'il ne dit pas la vérité,
mais qu'il a menti faussement et mauvaisement. »

Alors le gouverneur se retire pour délibérer une nouvelle fois, accompagné de deux ou trois conseillers. Il
fait venir Molpré et l'interroge à nouveau :

Le gouverneur : « À quel jour et à quelle heure
fîtes-vous Pèlerin prisonnier ? »

Molpré : « Le jour de la bataille d'Anthon, à
l'heure tantôt après que la déconfiture fut faite. »

Le gouverneur : « Étiez-vous armé ? »

Molpré : « Oui, d'une salade, un gorgerin et une
cotte d'acier, car auparavant je m'étais fait désarmer
par aucuns de la garnison d'Anthon de mes autres
armes, pour ce que j'avais trop chaud. »

Le gouverneur : « En quel lieu fîtes-vous Pèlerin
prisonnier ? »

Molpré : « Derrière la maison d'un certain Thomas,
d'Anthon, jouxte une vigne qui est derrière. »

Le gouverneur : « Pèlerin était-il à cheval ou à pied ? »

Molpré : « À pied ; lui et Guillaume Gordant, de Bourgogne, s'entretenaient comme deux coqs ; toutefois, Gordant me hucha ; alors je frappai Pèlerin d'une lance de laboureur en la poitrine, tellement qu'il tomba à terre, et quand il fut tombé, je l'aprisonnai et il me donna la foi, rescoux ou non rescoux, puis il se redressa et je lui fis ôter son épée par Gordant ; ils s'en allèrent tous deux ensemble jusqu'à la première poterne d'Anthon, celle de la cour basse, où étaient assemblés grande quantité de Bourguignons qui se fourraient dans le château, doutant que les gens d'armes du Dauphiné ne l'assaillissent ; et je tenais Pèlerin par la huque, comme le virent Antoine Ferrière et d'autres, qui étaient au donjon d'Anthon ; incontinent, les gens d'armes de la compagnie du Dauphiné arrivèrent dessus Anthon, courant à l'arme ; quand je vis cela, j'entrai dans Anthon, et Pèlerin passa par un petit terrail par un palis et il partit. »

Le gouverneur : « Comment était armé Pèlerin ? »

Molpré : « Il portait une salade à bavière, cuirasse ou tiers de cuirasse, et harnois de jambes ; toutefois je ne sais s'il portait autre harnois, et il portait son épée dans la gaine, et une huque de futaine noire sans franges. Il n'avait rien sous la salade. »

Gaucourt renvoie Molpré, fait appeler Pèlerin auquel il répète les propos de son adversaire, puis l'interroge à son tour.

Pèlerin : « Le jour de la bataille de Colombier, après la déconfiture du prince d'Orange, moi, Gaubert, Lancelot de Quintieu et un autre, partant de Crémieu et allant à Colombier devers monseigneur le gouverneur, nous ouïmes grand bruit et avançâmes un peu avant, et vîmes que les Bourguignons étaient déconfits et s'enfuyaient. Alors nous dîmes entre nous : "Allons après ! Nous serons aujourd'hui riches ! À butin ! À butin !", et nous nous abutinâmes. Ainsi nous nous mîmes à la chasse, et tantôt nous nous séparâmes, car l'un allait çà, l'autre là ; en allant à la chasse, je vis deux Bourguignons devant moi qui portaient cottes d'armes, je m'adressai à eux tellement que je les atteignis : l'un était le seigneur de Montagu et l'autre le Friant de Favernoy ; pour ce que le cheval de Montagu était travaillé, je l'eusse bien plus tôt atteint mais le Friant se mit entre deux avec son cheval, et je le fis prisonnier. Il me demanda mon nom et si j'étais frère de François Pèlerin. Je lui dis que oui. "J'en suis bien aise, fit le Friant, car j'ai grande accointance avec lui, et pour ce, car je vois bien que le sire de Montagu ne peut vous échapper, j'aimerais mieux que vous l'eussiez qu'autre, car vous en seriez riche." À ces mots, le bâtard Rachas arriva, il lui ôta son épée. Friant lui dit : "Je suis à Pèlerin, à qui j'ai donné la foi." Puis survint le seigneur de Passins : "Qu'est-ce, Pèlerin, à butin ! à butin, compère." Je lui répondis : "J'en suis content !" ; puis je frappai de l'éperon, tirant après le seigneur de Montagu et le poursuivis jusqu'à la première entrée d'Anthon ; j'atteignis un Bourguignon par-derrière, monté sur un grand cheval à garnison de drap rouge à clous dorés, et le happai en disant : "Rends-toi." Il se rendit, rescoux ou non rescoux ; je voulus m'en aller, mais je vis des Bourguignons qui fermaient la porte du recept. Je criai à mon prisonnier : "Suivez-moi ou je vous tuerai." Il me suivit et je quittai les lieux. Arrivé près de la maison d'Antoine Pin, je vis quatre Bourguignons portant mailles qui en sortirent en criant : "À l'Armagnac ! À l'Armagnac !" Croyant leur échapper, je tirai vers eux car je ne pouvais passer autrement, en disant à haute voix : "Vous êtes tous morts." L'un d'eux me prit par la huque et me renversa sur la croupe de mon cheval en disant : "Rends-toi" ; je lui dis : "Je me rends." En même temps je le frappai de mon épée, que je portai à la main toute nue ; je sentis qu'il me lâchait, je piquai mon cheval et je m'échappai. Un peu plus loin, je me retournai vers la rivière de Rhône et vis que celui qui m'avait emprisonné passait la rivière en un bateau. Ensuite je rencontrai le bailli de Mâcon, auquel je racontai tout ; mon cheval était déferré, j'en trouvai un autre et me retournai à Colombier. »

Le gouverneur : « Comment étiez-vous armé ? »

Pèlerin : « Je portais une salade sans bavière et sans gorgerin, que m'avait prêtée Claude de Cizerin, car elle était plus aisée que la mienne ; par-dessus la salade, il y avait un bourrelet de rouge à trois croix blanches ; je portais ausi le haut de ma pièce, mes garde-bras, une très belle épée d'armes que je laissai quand je fus renversé de mon cheval ; je portais une huque de futaine noire sans frange, où il y avait une croix blanche bien joliment faite et cousue, que j'ai donnée depuis à un Bourguignon, lequel m'a promis de la porter sans dépecer la croix. Mais pas de harnois de jambes, fors seulement des houseaux bien faits et bien tirés ; tout le jour je chevauchai un cheval bayard à pieds blancs. Tout cela, je le prouverai par plusieurs gentilshommes qui me virent ainsi habillé. »

Remis en présence l'une de l'autre, les deux parties répètent leur déclaration.
La séance est ensuite levée.

Jeudi 12 juillet.
À huit heures du matin, les conseillers sont rassemblés autour du gouverneur.

Entre tous fut conclu que selon les réponses des parties, le cas tombait en fait contraire et probatoire par témoins et que si le cas se prouvait par témoins, il n'y avait point gage de bataille ; car gage de bataille, tant selon disposition de droit écrit comme selon le style et commune ordonnance en fait d'armes et par le style de France, requiert quatre choses principales : premièrement, que le cas qui est mis avant soit tel que la peine requiert mort ; secondement, que le cas ait été fait par trahison et prodition ; troisièmement, que celui contre qui l'on met avant ledit cas en soit suspect par des indices vraisemblables ou des présomptions ; quatrièmement, qu'il apert évidemment que le cas qui est mis en avant soit vraiment advenu.

On décide donc, après avoir demandé aux parties de confirmer leurs déclarations, de recevoir les témoins. Molpré refuse de rien prouver par témoins, mais seulement par son corps ; Pèlerin entend bailler preuves et témoins. On appelle un juriste, Louis Pourtier, docteur ès lois, qui expose à l'appelant que, même dans la procédure de gage de bataille, le corps à corps constitue l'ultime preuve, à défaut de lettres, instruments, écritures ou témoignages. Molpré persiste dans son refus ; on lui propose un délai, pour qu'il puisse faire venir ses témoins ; il le repousse. Alors le gouverneur décide d'aller chercher les témoins de Pèlerin. Rendez-vous leur est signifié, à deux heures de l'aprèsmidi, en l'hôtel de la Chaîne.
À l'heure dite, ils sont là, prêts à être interrogés par le maréchal du Dauphiné, commis par le gouverneur à cette tâche, avec quelques conseillers. Ils sont dix, tous nobles ; le plus âgé est le bailli de la terre de la Tour, Sybuet Revoyre, écuyer, 35 ans ; le plus jeune, noble Pierre Mache, 23 ans. Tous ont participé à la poursuite des Bourguignons en déroute ; tous donnent raison, évidemment, à Pèlerin, leur compagnon d'armes. Écoutons l'un d'eux :

Item, noble Roland de la Poype, de l'âge de 32 ans et de mémoire de 24 ans. Dit et dépose que le jour de ladite besogne, il était à Colombier et pour ce que, par le commandement de monseigneur le gouverneur,

1. L'esprit chevaleresque au XVe siècle : un des neuf Preux.
Xylographie vers 1450.
Bibliothèque nationale de France, Paris.

2

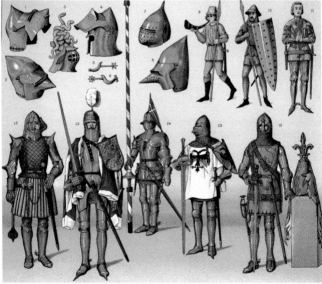

3

2 et **3.** Costumes de guerre et de joute au xvᵉ siècle en Europe, *in Le costume historique*, de Racinet, 1888.

4. Philippe VI, roi de France et Édouard III, roi d'Angleterre. Scènes de la Guerre de Cent Ans, *in Les Grandes Chroniques de France*.

5. La bataille de Maupertuis, en 1356, *in Chroniques de Bruges*.
Bibliothèque nationale de France, Paris.

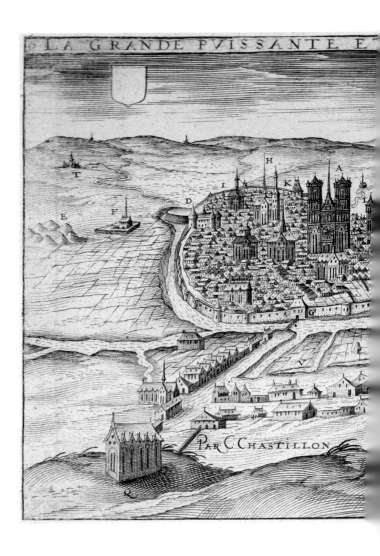

6. « La Grande Puissante et Renommée Ville de Reims »,
gravure sur cuivre de Claude Chastillon, XVIIIe siècle.

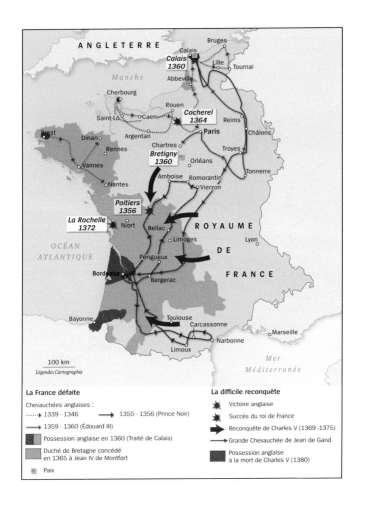

La France défaite

Chevauchées anglaises :
- ······▸ 1339 - 1346   ➡ 1355 - 1356 (Prince Noir)
- ⟶ 1359 - 1360 (Édouard III)
- ▉ Possession anglaise en 1360 (Traité de Calais)
- ▉ Duché de Bretagne concédé en 1365 à Jean IV de Montfort
- ▪ Paix

La difficile reconquête

- ✶ Victoire anglaise
- ✹ Succès du roi de France
- ➡ Reconquête de Charles V (1369 -1375)
- ⟶ Grande Chevauchée de Jean de Gand
- ▉ Possession anglaise à la mort de Charles V (1380)

7. Conquêtes et reconquêtes (1337-1380). L'*Histoire*, n°380, numéro spécial « La Guerre de Cent Ans ».

lui, Pèlerin et autres devaient aller avec le bailli de
Viennois et de la terre de la Tour à Crémieu, pour
aller quérir aucune artillerie qui y était, il s'arma ;
aussi fit Pèlerin ; et il vit que Pèlerin prit de Claude
de Cizerin une salade où il y avait un bourrelet rouge
à petites croix blanches, pour ce qu'elle était plus
aisée que la sienne ; et il vit que Pèlerin s'arma du
dessus de ses cuirasses, et ne prit point de bavière,
de gorgerin, ni aussi de harnois de jambes, mais portait seulement ses estiveaux bien tirés ; et de Colombier, ainsi habillés, ils s'en allèrent à Crémieu, et de
là, le même jour après boire, ils partirent pour retourner à Colombier, et sur le chemin, ils ouïrent nouvelles que le gouverneur et sa compagnie chassaient
les ennemis ; alors ils chevauchèrent et se mirent
devant Pèlerin, le seigneur de Passins, Gaubert et
Lancelot de Quincieu, et depuis il ne vit plus Pèlerin
jusqu'à ce qu'il fût devant Anthon en la compagnie du
maréchal, où il le vit sortir des faubourgs d'Anthon,
monté sur un cheval bayard aux quatre pieds blancs
avec une étoile au front, et armé comme dessus ;
Pèlerin lui dit qu'il avait été très bien battu, tellement
qu'il avait cru demeurer, et qu'il s'était rendu, il ne
savait à qui, sans donner la foi, et que celui à qui il
s'était rendu s'était noyé en croyant passer le Rhône.
Pèlerin avait une très belle épée toute neuve, que lui
avait donnée deux jours devant un gentilhomme de
Savoie ; dit qu'il y a grande différence avec celle
montrée par Molpré car l'une était très méchante et

l'autre très belle et bonne. Il a été séparé de Pèlerin une heure environ.

Après toutes ces choses faites, le gouverneur, voyant que la matière pouvait choir en grande plaidoirie et long procès, au domaine duquel il ne pouvait pas bonnement être pour autres grandes causes et autres occupations touchant les affaires du roi et de son gouvernement, s'est efforcé de mettre en accord les parties par la manière qui s'ensuit :

L'an de Notre-Seigneur 1431, le 14e jour de juillet, constitués et établis personnellement en la présence de haut et puissant messire Raoul, seigneur de Gaucourt, conseiller et chambellan du roi et gouverneur du Dauphiné, nobles hommes et écuyers Louis de Molpré, de la comté de Bourgogne, appelant d'une part, et Pierre Pèlerin, du pays du Dauphiné, appelé et défendant d'autre part.

Pour ce qu'il a été trouvé que ladite querelle et question se devait, selon justice et raison, déterminer et mettre fin, non mie par champ de bataille et preuve de leurs personnes, mais par témoins, et qu'ainsi ladite question et débat chéait en long procès dont l'issue pouvait être lointaine ; que, d'autre part, les contendants, qui sont gentilshommes, ont accoutumé d'occuper leur temps en fait de guerre et acquérir l'honneur autrement que par plaidoirie ; pour ce, monseigneur le gouverneur pour le bien desdites parties, leur a dit et remontré plusieurs notables paroles, et leur a prié et requis que dorénavant, ils voulussent être amis et bienveillants et qu'il ne fût plus question du

débat. Lors Molpré et Pèlerin, libéralement et de bon
cœur, ont consenti au plaisir et au bon vouloir du
gouverneur, et en signe de paix et de bon accord ils
ont touché l'un à l'autre et baillé leurs mains entre
les mains du gouverneur et ont promis par la foi et
serment de leurs corps d'être dorénavant amis et
bienveillants et qu'à cause de ladite question et querelle, jamais l'un à l'autre n'en ferait demande ni
porterait rancune ; et tantôt après ils ont bu l'un à
l'autre.

Puis monseigneur le gouverneur les fit dîner avec
lui et les fit asseoir à sa table, l'un à sa droite, l'autre
à sa gauche ; et après collation, il leur donna à chacun une douzaine de belles tasses d'argent ; et il fit
défrayer de l'hôtellerie Molpré et sa compagnie, et
lui donna congé et les fit conduire hors du Dauphiné
et ils s'en allèrent très contents.[1]

L'épisode se termine ainsi par la réconciliation géné-
reuse des deux adversaires ; il donne un exemple de
ce qu'a pu être l'influence de l'éthique chevaleresque
sur la conduite réelle des gens d'armes. Mais il ne faudrait point se leurrer : Molpré, qui avait tout bonnement perdu son procès faute de témoins, mais qui
surtout devait estimer ses chances bien minces devant
des juges qui n'étaient point de son parti, a fait contre
mauvaise fortune bon cœur.
L'intérêt de ce procès est encore de montrer le souci

1. Ulysse Chevalier, *Recueil de documents concernant le Dauphiné*, dans *Mémoires publiés par la Société de statistique de l'Isère*,
t. VI, 1874, p. 338-369 (extraits).

qu'ont les juges de remplacer l'institution barbare et anachronique du gage de bataille par une procédure qui, utilisant l'enquête, les écrits, les témoignages, est très proche de celle pratiquée dans le droit ordinaire du temps.

Chapitre VI

LES HOMMES DANS LA GUERRE

PILLAGES ET RAVAGES

Extrait d'un compte du receveur général des finances du royaume.

Aux manants et habitants de Châtillon-sur-Loing, par lettres du 5 mai 1419, contenant qu'ils ont été toujours loyaux et fermes dans le parti du roi ; que leur ville est environnée de forteresses pour quoi ils ne peuvent labourer leurs terres et vignes ni récolter et mettre à sauveté leurs biens ; qu'ils ont perdu leur bétail jusqu'à trente mille bêtes à cornes environ, et n'ont pu aller en leurs marchandises qu'ils n'aient été presque tous prisonniers à grandes rançons ; que l'an dernier, par fortune de temps jusqu'à 2 ou 3 lieues environ la grêle a tout foudroyé et tempêté ce qu'ils pouvaient avoir aux champs ; enfin que naguère le dauphin avait envoyé son ost à grande puissance devant leur ville et l'avait tenue huit jours assiégée

et avait tellement battu les murs qu'une porte de la
ville était tombée avec 36 à 40 toises de l'enceinte
et toutes les eschiffes et galandis et grande quantité
de maisons ; le roi leur donne à recevoir en 4 ans
à partir de la date desd. lettres 4 000 l. t. ; sur
ce.. 100 l. t.[1]

Extrait de lettres de rémission, données en février
1415.

Comme trois mois a ou environ, Jean de Bonnay
se fut parti de notre ville d'Amiens où il demeurait
et a demeuré par l'espace de deux ans, en ouvrant et
apprenant le métier de maréchal, et se fut avec
aucuns compagnons soudoyers jusqu'au nombre de
14 ou 15, qu'ils se disaient venir vers notre ville de
Paris, en intention d'être retenus soudoyers pour servir en armes et gagner, comme jeunes gens ont
accoutumé depuis deux ou trois ans ença. Et en
venant leur chemin, entre Dammartin et Senlis, trouvèrent un ou deux marchands de Senlis conduisant
dix bœufs qu'ils menaient à Senlis ; auxquels marchands bouchers Jean de Bonnay et un autre de la
compagnie, nommé George Le Marchand s'adressèrent, en disant qu'il leur convenait avoir un des

1. Barthélemy Amédée Pocquet du Haut-Jussé, *La France gouvernée par Jean sans Peur. Les Dépenses du receveur général du
royaume*, Paris, Presses universitaires de France, 1959 (Mémoires et
documents publiés par la Société de l'École des Chartes, t. XIII),
n. 1081, p. 274.

bœufs pour vivre ou parole en substance ; tant que les bouchers le leur accordèrent pour échapper et sauver leurs bœufs et denrées, par manière de composition et de rançons.[1]

Les maux de la guerre paraissent infinis, les plaintes contre les gens d'armes intarissables. À lire la littérature du temps — chroniques et procès, poèmes et chansons, contes et romans — la guerre est bien la source première de toutes les souffrances et de toutes les misères, avant la peste et la faim. L'historiographie la plus récente tend en revanche à diminuer ses responsabilités dans la conjoncture économique du Moyen Âge tardif. En dehors de quelques régions assez circonscrites, peut-être la guerre a-t-elle surtout influé sur la mentalité du temps. « Les populations n'ont pas été atteintes seulement dans leur chair ; elles ont souffert aussi d'un déséquilibre mental dont témoignent leur émotivité et les violents contrastes d'une vie qui répand, plus qu'à nulle autre époque, *l'odeur mêlée du sang et des roses* » (Robert Boutruche, citant ici Johan Huizinga).

LA SOCIÉTÉ CONTRE LA GUERRE

Un milieu social surtout a supporté le poids de la guerre : le monde rural. Son domaine — le plat pays

---

1. *Choix de pièces inédites relatives au règne de Charles VI*, éd. Louis-Claude Douët d'Arcq, Paris, Renouard, t. II, 1874, p. 98-99.

(l'expression s'introduit à partir du milieu du XIVᵉ siècle) — est livré sans défense aux incursions des gens
d'armes, amis ou ennemis. Biens mobiliers et immo-
biliers, récoltes, arbres fruitiers, animaux domesti-
ques, instruments de labour, êtres humains, tout
s'offre comme la plus facile des proies. D'où la haine
tenace des paysans envers les gens de guerre, qui
rejoint celle qu'ils peuvent éprouver envers leur seigneur ou la noblesse en général. Pour autant qu'on
puisse saisir leur mentalité, il semble qu'ils aient
d'abord reproché à la classe nobiliaire de n'avoir pas
rempli sa fonction sociale, d'avoir trahi cette sorte de
pacte selon lequel elle devait les défendre. À leurs
yeux, la guerre menée par les nobles est un jeu dont
ils sont la mise : nul n'y est mis à mort, mais à rançon, rançon qui retombe d'une manière ou d'une
autre sur leurs épaules. Ils rêvent parfois d'une guerre
qu'ils mèneraient eux-mêmes, au nom du roi de
France, et qui serait sans ménagement. Les réactions
paysannes peuvent être de deux sortes : composer
avec les gens de guerre, leur remettre une contribu-
tion volontaire en échange de laquelle ils espèrent des
ménagements ; ou bien, chaque fois que l'impunité
leur paraît acquise, les mettre à mort, quitte ensuite
à tenter d'obtenir leur grâce au moyen de lettres de
rémission que leur accorde assez facilement l'autorité royale.

Extrait de lettres de rémission, données en mai 1417.

Humble supplication des parents et amis charnels de
Jehannin Bergeron, pauvre homme laboureur, naguère
demeurant à La Rebeyrète, en la paroisse de Saint-
André, au comté de la Marche, âgé de 25 ans ou environ, chargé de femme et de trois petits enfants :

Comme il y a deux ans, grand nombre de gens d'armes, routiers et autres, eussent passé au pays de la Marche, pillé, robé, fait, commis et perpétré tous autres maux, inconvénients et dommages que l'on saurait nommer ; par quoi, Jehannin et plusieurs autres du pays qui avaient été pillés et dérobés par les gens d'armes et les femmes d'aucuns d'eux ravies et forcées, mûs et échauffés des maux et inconvénients intolérables à l'encontre des gens d'armes, Jehannin et un tas d'autres voisins dommagés se rassemblèrent, jusqu'au nombre de huit, et s'armèrent, les uns de lances et épées, et les autres de bâtons, pour résister aux gens d'armes ou autrement leur faire passer et vider plus tôt le pays. Et en allant après, à certain jour, par cas de fortune, en trouvèrent trois, pillant et robant au lieu des Essars en la comté de la Marche. De fait coururent sur eux, frappèrent de chaude mêlée sur l'un d'eux qui tomba à terre, mourut et fut enterré aux Essars, et les deux autres furent pris et emmenés par ceux de la compagnie. Et après quelques jours Jehannin ouït dire qu'aucuns de cette compagnie les avaient fait noyer.[1]

La *Complainte sur la bataille de Poitiers* est pleine de ressentiment à l'égard de la noblesse de France. Ayant pris place au milieu d'un registre capitulaire de Notre-Dame de Paris, elle est sans doute l'œuvre d'un clerc qui a pu la composer vers 1358, au moment où Étienne Marcel cherchait, contre l'entourage noble du Dauphin, l'appui des Jacques.

1. *Ibid.*, p. 102-103.

Grand douleur me contraint de faire ma complainte
De l'ost devant Poitiers, là où personne mainte
Fut morte, et le roi [*pris*] par la fausse gent feinte
Qui s'enfuit, dont fut leur traïson atteinte.
Quand virent que notre ost pouvait bien déconfire
L'ost des Anglais, si dirent : « Si les allons occire,
Guerres seront faillies, si sera pour nous pire,
Car nous perdrons chevance ;
mieux est de nous enfuire. »
Onques coup ne férirent d'arme ni de plançon,
Mais dirent : « Fuyons tous, si nous n'avançons,
En fuyant, serons morts, pris ou mis à rançon. »
De telles gens ne peut être dite bonne chanson.
. . . .
Ils se disent être nés de noble parenté ;
Hé Dieu ! D'où leur vient-il si fausse volonté,
Que d'aucun bienfait faire ne sont entalentés ?
C'est de leur grand orgueil dont ainsi sont tentés
Car en Dieu renier chacun d'eux s'étudie
Et à le parjurer chacun se glorifie.
. . . .
Bombants et vaine gloire, vêture déshonnête,
Les ceintures dorées, la plume sur la tête,
La grand'barbe de bouc, qui est une orde bête,
Les vous font étourdis comme foudre et tempête.
Tels gens où règne orgueil qui est si vil péché
Sont de tous mauvais vices et d'ordure entachés ;
Tout temps seront traîtres puisqu'ils sont alléchés,
Car tous les biens de grâce sont en eux asséchés.

Or voyez comme orgueil et leur grand surcuidance
Et leur haute manière en honneur les avance !
Leur grand orgueil les a trébuchés en viltance,
Et leur grand convoitise et leur insuffisance.
Quand eux aux maréchaux pour passer se montraient,
Garçons armés chevaux l'un de l'autre empruntaient,
Leurs souillards et leurs pages pour gens d'armes
    comptaient ;
Ainsi un seul pour quatre du roi gages prenaient.
Par leur grand convoitise, non pour honneur conquerre,
Ont fait tel paction avec ceux d'Angleterre :
« Ne tuons pas l'un l'autre, faisons durer la guerre ;
Feignons être prisons ; moult y pourrons acquerre. »
Par telle convoitise ont maint grand don reçu
Des Anglais, par lesquels est révélé et su,
Et par leur contenance a été aperçu
Que par traïson ont ainsi le roi déçu.
La très grand traïson qu'ils ont longtemps couvée,
Fut en l'ost dessusdit très clairement prouvée,
Dont France est à tout temps par eux déshonorée,
Si par d'autres que eux ne nous est recouvrée.
. . . .

Il n'est cœur qui peut d'eux dire trop de laidure :
Faux traîtres, déloyaux, sont infâmes et parjures,
Car par eux est le roi mis à déconfiture,
Qui est le très plus noble de toute créature.
. . . .

À peu de gens demeure le roi en la bataille ;
Comme très vaillant prince fiert d'estoc et de taille.
Morts en abat grand nombre, ni les prise une maille.

Dit : « Férez, chevaliers, ce ne sont que merdaille ! »
Fièrement se combat et de grand vasselage,
Los, prix, honneur emporte sur tous ceux de parage.
Si tous les autres eussent été de son courage,
Anglais eussent conquis et mis en grand servage.

. . . .

Dieu veuille conforter et garder notre roi
Et son petit enfant qu'est demeuré à soi,
Et confondre traîtres, qui par leur grand effroi
Ont trahi leur seigneur à qui devait la foi.

. . . .

S'il est bien conseillé, il n'oubliera mie
Mener Jacques Bonhomme en sa grand' compagnie ;
Guerres ne s'enfuira pour ne perdre le roi.[1]

> En cas d'invasion, les rois et les princes territoriaux
> peuvent organiser eux-mêmes la défense de leur pays.
> Tel est le cas de la Bourgogne, en 1367, au moment
> où les Grandes compagnies la menacent.

Instructions faites et ordonnées au conseil de monseigneur le duc de Bourgogne à Dijon, le 20e jour de septembre l'an 1367, sur la garde, gouvernement et défense des forteresses de la duché de Bourgogne.

Premièrement, de pourvoir ès bonnes villes et forteresses de Monseigneur, de capitaine accompagné convenablement de compagnon selon le lieu.

Item de vivres, par cette manière, c'est à savoir que tous les biens et vivres de Monseigneur appartenant

1. *Bibliothèque de l'École des Chartes*, t. XII, 1861, p. 260-263.

aux forteresses y soient mises et retraies et que toutes manières de gens, sujets et justiciables de ces forteresses, y fassent leur retrait, eux, leurs vivres et autres biens, et qu'ils y fassent garde et guet par nuit chacun à leur tour, par la manière que par le capitaine de chaque forteresse, leur sera ordonné et selon ce qu'ils ont coutume de faire.

Item d'emparements ou renforcement et autres choses nécessaires, qui se feront par la manière qui s'ensuit, c'est à savoir que toutes manières de gens qui demeureront, se retireront et seront à refuge dans ces forteresses et qui ont accoutumé d'y retraire, contribueront par portion à leurs emparements et fortifications : c'est à savoir eschiffes, fossés, murs secs, palis, barrières et autres emparements nécessaires ; et en cette manière lesdits lieux seront baillés par distribution aux retrayants sans qu'ils soient tenus d'en payer aucune chose, comme estage ou loyer, entrée ou issue.

Item d'artillerie et autres choses nécessaires, lesquelles seront faites et mises dans ces forteresses, selon l'avis et conseil de ceux qui les visiteront.

Item, sera faite et vue montre des gens armés étant dans ces lieux et su comment ils seront armés, et ordonné à venir en leur défense, où ils seront ordonnés par les visiteurs, chacun selon le harnois qui lui appartiendra.

Item, de pourvoir les forteresses de portier convenable et suffisant et de guetteur par jour ; et là où il appartiendra nécessairement avoir deux portiers,

que l'un soit payé aux dépens des gens qui s'y retireront ; et le guetteur du jour sera aussi à leurs dépens.

Item, que nulles rançons ne se fassent au pays de
feux ni de bêtes et que nulle vente ne soit faite aux
ennemis de chevaux, de vin ni d'autres choses
nécessaires, à peine de perdre la vie.

Item, les forteresses seront visitées et on saura celles qui sont emparées et tenables, et celles qui ne le
sont pas, et aussi celles qu'il sera nécessaire d'emparer, supposé qu'elles ne le soient, pour pourvoir du
meilleur et du plus bref remède qui se pourra faire
bonnement ; et les non nécessaires à emparer, démo-
lir et abattre.

Item que tous vivres soient retrais dans 15 jours
après le commandement à eux fait.

Item que nulles forges ni tavernes ne demeurent
au plat pays, et que tous les moulins à bras soient
ôtés du plat pays et portés aux forteresses, et que
chaque forteresse ait un four ou moulin à bras ou à
chevaux, et que, les ennemis approchant, tous fers
de moulin du plat pays soient ôtés et portés aux forteresses.

Item, que les défauts de guet seront tournés et con-
vertis pour mettre un guetteur à la place du défaillant ;
et s'il y a du demeurant, il sera mis et converti dans
la fortification des forteresses ; le défaut sera taxé à
deux gros.

Item, au cas que des vivres soient trouvés au plat
pays après le cri solennel à eux fait, les capitaines
des forteresses dessous lesquelles on les trouvera, les

pourront et feront retrairc dans les forteresses. Et pour l'amende du cri non accompli, le tiers de ces biens demeurera acquis et appliqué à la forteresse où on les mettra, au profit de Monseigneur, pourvu toutefois qu'ils aient eu temps, après le cri, de retraire leurs biens.

Item, qu'en toutes forteresses de la duché tenues par des gens d'Église et dames veuves, des capitaines seront mis par les visiteurs, au conseil de ceux à qui les forteresses appartiennent.[1]

Chaque ville est un centre de défense. Elle possède sa propre organisation militaire.
1356 : règlement pour la défense et la sûreté de Nîmes.

Premièrement, on devra faire des barbacanes, des mantelets et des abris sur les murailles. Les consuls devront faire savoir combien d'hommes intra-muros sont aptes à combattre et peuvent porter les armes.

Item, ils devront compter et porter par écrit les noms de tous ceux qui savent tirer de l'arc ou de l'arbalète ; tous devront avoir des viretons ou des flèches.

Item, que tous les nobles, tant des arènes que de la cité, et les bourgeois riches devront avoir chacun un harnois d'homme pour lui.

Item que chacun, quelle que soit sa condition, ait un harnois conforme à ses possibilités et à son sta-

1. Léon Mirot, « Instructions pour la défense du duché de Bourgogne contre les Grandes Compagnies (1367) », *Annales de Bourgogne*, XIV, décembre 1942, p. 308-311.

tut ; que les plus pauvres aient au moins un gippon, une cervelière, une épée de 10 paumes, et un pavois et gorgière.

Item, qu'ils fassent leur montre dimanche prochain.

Item, que chaque noble et bourgeois riche ait autant de harnois chez lui qu'il a de serviteurs aptes à porter les armes.

Item, que deux nobles et deux consuls soient choisis qui désigneront des endroits sur les murailles ; dans chacun de ces endroits, chaque habitant, selon ce qu'il sera ordonné, viendra pour la défense ; aussitôt qu'une clameur ou une grande agitation se produira, chacun sera tenu de venir en armes au lieu qui lui aura été assigné.

Item, que sur deux pavesiers il y ait si possible un arbalétrier ou un archer.

Item qu'on crée des cinquanteniers et des dizainiers chacun à la tête d'une cinquantaine ou d'une dizaine.

Item qu'on désigne les portes qui doivent être fermées et les portes qui doivent rester ouvertes.

Item, que tous ceux qui habitent ou sont destinés à habiter à l'intérieur de la ville, venant des faubourgs ou autres lieux, fassent provision de 6 mois au moins de blé ou de farine et de vin, et de viande salée.[1]

---

1. Léon Ménard, *Histoire civile, ecclésiastique, et littéraire de la ville de Nîmes*, Nîmes, Clavel-Ballivet, t. II, 1874, preuve n° C, p. 180-181 (le texte original, reproduit par Ménard, est en latin).

1359 : les bourgeois d'Anse prennent des mesures pour protéger leur cité.

Les bourgeois et habitants de la ville d'Anse et de tout le mandement feront montre de leurs armes, selon ce qu'ils ont l'habitude de faire, ce prochain dimanche.

Il sera fait une information au sujet de ceux qui ont de l'artillerie appartenant à la ville : une fois faite, les coupables seront contraints de la restituer.

Il sera construit incontinent 16 bretèches au-dessus des murailles de la ville, aux endroits les plus appropriés ; dans chacune de ces bretèches, on mettra une arbalète à deux pieds et une arbalète à un pied.

Chaque porte de la ville sera pourvue d'une arbalète à tour avec ses munitions.

Toutes les ouvertures et fenêtres existant dans les murailles seront supprimées et bouchées, sauf celles nécessaires à faire des fenêtres ou des latrines ; les latrines devront être construites en pierre ; si des fenêtres sont ménagées, elles devront être garnies de barreaux de fer résistants.

Tous les habitants du mandement d'Anse seront tenus d'apporter à l'intérieur des 4 portes de la ville tous leurs biens meubles, à savoir blés et vins, foins et paille. Passé le terme fixé, les habitants d'Anse sont autorisés à piller tout ce qu'ils trouveront à l'intérieur du mandement.

Les habitants du mandement seront tenus de verser le 20e des biens qu'ils ont récoltés cette année, pour la réparation de la ville. Ils devront venir faire des corvées à la ville pour y construire des guettes et des échauguettes.

Un certain nombre de maisons qui gênent la fortification de la ville seront détruites de fond en comble.

Deux des portes de la ville seront murées.

Tous les arbres à proximité des fortifications, jusqu'à une distance égale à la portée d'une arbalète seront coupés, à moins qu'ils ne puissent être utiles à la ville.[1]

Dans d'autres cas, au lieu de se défendre, les villes concluent des compositions ou pâtis avec les garnisons voisines.
1382 : pâtis conclus par la ville de Bergerac.

Par la volonté du conseil des jurats et de tout le commun peuple de la ville, il fut ordonné de prendre des pâtis avec les Anglais des environs de la ville de ce côté de l'eau, et aux meilleures conditions possibles afin que les gens osassent labourer et cueillir leurs récoltes sûrement ; les pâtis furent pris savoir : le pâtis avec le seigneur de Mussidan, à commencer le 20 janvier de notre administration en l'an [*1382*]

1. Georges Guigue, *Les Tard-Venus en Lyonnais, Forez et Beaujolais, 1356-1369*, Lyon, Vitte et Perrussel, 1886, p. 259-260, P. J. XVIII (le texte original, reproduit par Guigue, est en latin).

pour le prix et somme de 200 francs d'or et 20 marcs d'argent. De plus il fut convenu entre nous et ledit seigneur de Mussidan que nous lui donnerions immédiatement 25 pipes de vin, sans fût, déduction de ladite somme de 200 francs et des 20 marcs d'argent, à savoir le vin dans des fûts au prix de 6 francs la pipe. Le tiers du reste doit se payer à la quinzaine de Pâques, le second tiers à la Saint-Jean-Baptiste et l'autre tiers à Notre-Dame d'août, après notre administration.

Item au capitaine de Mussidan pour ses droits pour le pâtis, 3 marcs d'argent valant 18 livres.

Item pour les sceaux dudit pâtis, un marc d'argent valant 6 livres.

Item à Picot du Coudert, clerc du seigneur de Mussidan, pour les billettes et pour ses droits, dix livres.

Robert King, capitaine de Puy-Guilhem et d'Allemans-du-Dropt exigea pour son pâtis 100 francs d'or, 10 marcs d'argent, 2 tonneaux de vin, 1 tonneau d'avoine, 6 saumons et 6 douzaines de lamproies qui devaient lui être envoyées en carême. Le capitaine de Gageac obtint 50 livres d'or, 2 marcs d'argent, un jaque et une robe de futaine.

Item pour la sufferte du capitaine de la Salle, de Louze, il fut donné six aunes de bon drap, une pipe de sel et un marc d'argent.[1]

---

1. Traduit de la langue d'oc par Émile Labroue, *Le Livre de vie. Les seigneurs et les capitaines du Périgord blanc au XIVe siècle*, Bordeaux, G. Gounouilhou, 1891, p. 30-31.

TYPES DE CARRIÈRE

Ces gens d'armes si redoutés, si haïs, d'où viennent-ils ? Il n'est pas douteux qu'en ce qui concerne les hommes d'armes, la noblesse ait fourni le plus gros contingent. Mais les valets, les pages, les soldats d'occasion, les gens de pied ? Les textes qui suivent donnent à cet égard quelques lueurs.

Jehannin Machin, dit au court bras : il est né à Paris, où il exerça son métier de boulangerie et pâtisserie, jusqu'au voyage que le roi [*Charles VI*] fit naguère au pays d'Allemagne, en 1388, qu'il alla en ce pays servir comme valet. Là, il eut querelle avec un Allemand, fut navré au bras et regagna Paris.

Hennequin du Bos, soi-disant bâtard de Gommignies. Il a été arrêté par Robert de Béthune, vicomte de Meaux, alors qu'il se trouvait à Saint-Quentin, car il était soupçonné d'être un agent des Anglais venu espionner. Mis à la question, il le reconnaît. Il y a un an, il est passé en Angleterre, en compagnie de l'amiral de France [*Jean de Vienne*] et plusieurs autres seigneurs. Là, il fut pris par les Anglais, et se fit reconnaître comme le fils de Monseigneur de Gommignies ; il se fit Anglais et prêta serment de toujours tenir leur parti. Il y avait là un certain Guy La Personne, chevalier, prisonnier des Anglais, qui se prétendait Henri de Neufchâtel. Hennequin le rencontre et le reconnaît pour ce qu'il est véritablement. Il fixe lui-même sa rançon, à 6 000 francs. Il recommence avec d'autres chevaliers et écuyers. Après avoir été avec les Anglais pendant cinq mois, il est chargé de regagner la France pour savoir l'état de son roi et de son armée. Il a des espions à sa solde : l'un, en habillement de valet, doit espionner dans le comté de Rethel et la Champagne ; l'autre, également en valet, dans le Boulonnais ; le troisième à Compiègne ; un quatrième en Poitou ; un autre encore en Flandre ; un autre enfin à Gand. Tous doivent regagner ensuite Calais, sous des déguisements divers : moine, chevalier errant, hospitalier, ermite.

Jean Le Gastelier, pâtissier, 42 ans. Quand les premiers Anglais furent en Brie, en 1359, il avait environ 12 ans. Un chevalier anglais, Robert Chesnel, le prend pour chevaucher avec lui. Ils gagnent Calais, puis Ypres, où ils restent deux ans, jusqu'à ce que les Grandes compagnies se rassemblent. Alors lui et son maître se joignent à elles et descendent jusqu'en Brie, à Coulommiers. Là, il s'efforce de protéger ses parents et amis. Il reste avec les Compagnies pendant encore deux ans. Son occupation est de garder l'hôtel de son maître, pendant que les autres partent en expédition. Au retour, on lui apporte les prisonniers à rançonner qu'on frappe jusqu'à ce qu'ils conviennent d'une certaine somme. Puis il quitte les Anglais, reprend son ancien métier ; mais en 1383,

lors de l'expédition de Flandre, il accompagne Floton de Revel.[1]

Rémission accordée à un page par Charles VI en 1415.

Nous avons reçu l'humble supplication de Rodot
de Niverles dit Lemoine, écuyer, âgé de 16 à 17 ans
ou environ, prisonnier en nos prisons de Sainte-
Menehould, contenant que, comme le suppliant, en
son absence d'âge, eut continué l'école jusqu'il y a
deux ans ou environ, que feu Arnoul de Niverles, dit
Lemoine, son frère, né du pays et évêché de Liège,
la lui fit laisser et le mena avec lui, comme son page,
en plusieurs parties et lieux de notre royaume et
ailleurs, pour cause des guerres qui étaient alors
entre notre très cher et très aimé fils et neveu, le duc
d'Orléans dont Arnoul était le serviteur, et notre très
cher et très aimé cousin le duc de Bourgogne. Entre
lesquels voyages, le suppliant, comme page de son
frère, fut en Champagne et en Barrois avec le bâtard
de Bourbon. En faisant ce voyage, Arnoul, le suppliant et d'autres se logèrent en la ville de Damery,
en laquelle, comme l'on dit, plusieurs excès furent
commis par eux, dont le suppliant n'a pas la vraie
connaissance. Entre ces excès et délits, le suppliant
fut d'accord et compagnon de contraindre par prise

1. Ces biographies sont extraites de procès contenus dans les
Registres criminels du Châtelet, *op. cit.*, t. I, 1861, p. 373 *sq.*, 379 *sq.*
et t. II, p. 92 *sq.*

de grésillons ou autrement, rigoureusement, plusieurs personnes à diverses sommes de deniers, comme d'un écu, de deux écus ou demi-franc, ainsi que gens d'armes ont accoutumé de faire, pour avoir pourpoints, gippons et autres habillements. Et environ la fête de la Madeleine dernière, ainsi qu'Arnoul, le suppliant et autres, venaient par-devers ou au mandement de notre aimé et féal chevalier, Pierre de Breban, dit Clignet, amiral de France, pour nous servir en sa compagnie et en celle du comte de Grandpré sur les frontières de la mer, à l'encontre des Anglais, nos ennemis et adversaires, se fussent logés, eux et leur compagnie, en la ville de Chatres, prévôté de Sainte-Menehould, sans y faire excès que de quérir et demander vivres. En laquelle ville, Odin Malaisé, soi-disant prévôt fermier de notre prévôté, vint les assaillir. Et bien qu'Arnoul et ceux de sa compagnie eussent faculté de se défendre à l'encontre du prévôt, toutefois, pour ce qu'il dit qu'il était à nous, et ne croyait en rien avoir méfait envers nous, il se rendit et fit rendre ses compagnons. Eux rendus, ils furent menés ès prisons de Sainte-Menehould, et le mardi suivant, le prévôt fit exécuter Arnoul et 5 de sa compagnie. Lors le suppliant, doutant que le prévôt voulut procéder extraordinairement ou autrement rigoureusement contre la personne du suppliant, il a appelé du prévôt en notre cour de Parlement.[1]

---

1. *Choix de pièces inédites relatives au règne de Charles VI, op. cit.*, p. 38-40.

Suit la rémission.
Rémission pour le serviteur d'un noble fait prisonnier
à Azincourt.

À nous a été exposé humblement de la partie des
parents et amis charnels de Jean Chevreau, natif de
la ville de Gien-sur-Loire, âgé de 28 ans ou environ,
à présent prisonnier en nos prisons de Chartres contenant :

Comme après la journée dernièrement tenue en
notre pays de Picardie [*Azincourt*] par plusieurs de
nos parents et vassaux à l'encontre de notre adversaire d'Angleterre, à laquelle journée fut Pierre des
Essars, écuyer, duquel était et est encore serviteur
ledit Jean Chevreau, qui, à cette journée, fut avec
Pierre, son maître. Lequel Pierre des Essars demeura
prisonnier de notre adversaire d'Angleterre ou de ses
gens. Et Jean Chevreau, qui était avec lui, comme valet
gardant ses chevaux, s'en retourna au lieu de Séchere-
ville, près de la ville de Gallardon, où est le domicile
de Pierre et de sa femme, avec lesquels Chevreau
avait et a demeuré comme serviteur par l'espace de
trois à quatre ans. Et ainsi que Jean Chevreau était
allé en la ville du Gué-de-Longroy, faire ferrer un
des chevaux de son maître, il y eut trouvé un compagnon passant par le pays, qui aucunes fois se disait
prêtre, aucunes fois chevalier, et autres fois d'autre
état ; lequel il avait paravant vu en la ville de Gallardon. Il menait avec lui une jeune femme qui s'ébat-

tait avec les compagnons. Et le compagnon disait avoir un rôle où étaient contenus les noms de tous les prisonniers français, et savoir leurs noms. Pour lors, ce compagnon était en une taverne de la ville du Gué-de-Longroy, en la compagnie de Jean Legendre, de Simon Berbion, de Jean Plessis et de deux fillettes. Auquel compagnon il s'adressa et l'interrogea à savoir s'il savait aucunes nouvelles de Pierre des Essars, son maître. Dont il ne lui sut rien dire de vérité. Pour ce, Jean Chevreau, et autres dessus nommés, qui étaient du pays, voyant que le fait et manière de procéder du compagnon était toute malice et afin d'avoir et exiger argent, comme il avait fait par pareil moyen de plusieurs pauvres gentilles femmes et autres gens du pays qui avaient eu leurs maris et parents à cette journée, ce qui était grande pitié vu la désolation qui y était alors, indigné et courroucé du cas, il se transporta tantôt après heure de minuit, avec aucuns des dessus nommés et autres du pays, en intention de le détrousser, au lieu et village de Viée, à une lieue et demie de Gallardon, où il était logé, en l'hôtel d'un pauvre homme. Ils y entrèrent par l'huis de derrière, environ minuit, et tantôt après le compagnon descendit d'une chambre haute de l'hôtel, avec deux jeunes clercs du pays. Jean Chevreau alla au-devant de lui ; il tira une épée qu'il avait et l'appuya contre la poitrine du compagnon, disant que s'il se remuait il le tuerait. De là lui et les autres le menèrent en un petit bois, où ils lui dépouillèrent un jazeran qu'il avait vêtu, et lui firent promettre

que pour ce ne l'encuseraient ; en ce point le laissè-
rent, et emportèrent le jazeran, qui pouvait valoir
environ 10 francs, sur lesquels a été baillé à Jean Chevreau pour sa part environ 10 sols parisis.[1]

> La guerre enfin a provoqué dans bien des cas l'extinc-
> tion des anciens lignages seigneuriaux. Leurs mem-
> bres disparaissent par mort violente, au combat.
> Parfois aussi une rançon les ruine et les contraint à
> vendre leur chevance. La diminution souvent impres-
> sionnante des profits fonciers les oblige, par l'exercice
> d'un métier, à abandonner les privilèges de noblesse,
> c'est-à-dire à déroger. D'autres fois encore, un chan-
> gement politique entraîne leur dépossession autori-
> taire, au profit de tel bourgeois ou noble appartenant
> au parti adverse.
> Lettres patentes de Charles V, 8 juillet 1370 :

Savoir faisons à tous, présents et à venir, que,
comme Guyot du Jeu, écuyer, lequel prenait et devait
prendre par an 10 setiers de blé, à la mesure d'Angle,
sur le château de Néon, ses revenues et appartenances,
lequel château était et appartenait à Huguet d'Aloi-
gny, écuyer, eut et tint ledit château et en prit et reçut
toutes les revenues et rentes, tant pour le payement
des 10 setiers de blé comme pour la garde du château
en l'obéissance de notre adversaire d'Angleterre,
dont il s'était chargé par accord fait avec lui par
Huguet et ses amis ; comme ainsi Guyot a tenu le
parti contre nous et nos sujets, par quoi le château

---

1. *Ibid.*, p. 53-55.

et ses appartenances nous sont acquis, nous, considérant les bons et loyaux services que nous a faits en nos guerres et fait chaque jour Pierre Baucher, écuyer de Bretagne, compagnon de notre aimé huissier d'armes Jean de Kerlouet, lui avons donné et octroyé de notre grâce spéciale, de certaine science et autorité royale, et par la teneur de ces lettres donnons et octroyons le château de Néon, avec ses appartenances, soient terres, vignes, prés, pâtures, bois, rivières, pêcheries, hommes, hommage, juridiction haute, moyenne et basse, cens, rentes et autres revenues quelconques, à tenir et posséder par lui, ses héritiers et successeurs, perpétuellement et à toujours. Si donnons en mandement aux sénéchaux de Poitou, Limousin et Saintonge et à tous les autres justiciers de notre royaume, présents et à venir, ou à leurs lieutenants qu'ils le mettent et tiennent en possession et saisine, et l'en fassent et laissent jouir et user paisiblement et perpétuellement. Donné à Paris le 8ᵉ jour de juillet l'an de grâce 1370, et le septième de notre règne.[1]

1. Paul Guérin, *Recueil des documents concernant le Poitou contenus dans les registres de la Chancellerie de France*, Archives historiques du Poitou, t. XIX, Poitiers, Henri Oudin, 1888, p. 71-74.

Chapitre VII

LE REDRESSEMENT FRANÇAIS

1380 : la revanche française est éclatante. À cette date, en effet, le domaine anglais sur le continent se restreint au duché de Guyenne et à Calais. Quel recul depuis Brétigny ! Deux mesures l'ont rendu possible : l'armée permanente, l'impôt permanent. Sans doute, dans l'esprit des contemporains — dirigeants compris — il ne s'agit là que d'expédients nés de la guerre. Si une trêve durable pouvait s'établir entre la France et l'Angleterre, sans doute devrait-on abolir ces deux institutions. Mais le fait est qu'elles ne l'ont pas été. Désormais, afin d'entretenir les quelques milliers d'hommes d'armes et les quelques centaines d'arbalétriers qu'il a installés dans les forteresses-frontière afin de surveiller les réactions anglaises, le roi a mis au point un système fiscal qui se régularise progressivement. Pour constituer son armée, le roi s'adresse à des volontaires, soit français, soit étrangers : il les prend à son service et à ses gages pour une durée indéterminée, au moyen d'une lettre de retenue, dont l'un des deux trésoriers des guerres possède une expédition afin d'établir sa comptabilité :

Mandement de Charles V à Étienne Braque, trésorier de ses guerres (Paris, 2 avril 1369) :

Nous avons retenu, pour nous servir en nos présentes guerres, certain nombre de gens d'armes aux gages et états qui s'ensuivent : c'est à savoir notre aimé et féal cousin le comte de Saint-Pol, au nombre de 100 hommes d'armes et pour son état 300 livres ; le maître de nos arbalétriers, 100 hommes d'armes et pour son état 300 livres ; Raoul de Rainneval, pannetier de France, 30 hommes d'armes ; le maréchal de Blainville, 100 payes et pour son état 30 livres ; Guillaume des Bordes, 100 payes et pour son état 100 livres ; Claudin de Harenviller, 20 payes ; le maréchal de La Ferté, 30 payes ; Guillaume Boicel, 50 payes ; Carenloet, 20 payes ; le seigneur de Garencières, 10 payes ; le Galois d'Achie pour son establie de Louviers, 12 payes, et le Galois d'Annon, 10 payes.[1]

Entre 1370 et 1380, l'effectif de base de cette armée permanente est fixé théoriquement à 6 000 hommes d'armes, et 500 à 1 200 arbalétriers génois.
Mandement de Charles V à ses généraux conseillers sur les aides pour le fait des guerres (Paris, le 26 avril 1370).

À l'assemblée qui a été dernièrement à Paris par les gens d'église, nobles et bonnes villes de notre

1. *Mandements et actes divers de Charles V (1364-1380) recueillis dans les collections de la Bibliothèque nationale*, éd. Léopold Delisle, Paris, Imprimerie nationale, 1874, p. 254, n° 504.

royaume, pour pourvoir au gouvernement du fait de nosdites guerres, à l'honneur de nous et de nos sujets, lesquels furent assemblés par plusieurs journées pour cette cause, il a été ordonné et avisé, par grande et mûre délibération, que certains fouages seraient levés par tout le pays de la langue d'oïl, c'est à savoir en bonnes villes fermées 6 francs pour feu, le fort portant le faible, et en plat pays deux francs, desquels fouages, avec le 4e et le 13e des vins, nous pourrions tenir continuellement sur les champs six mille hommes d'armes.[1]

Les troupes sont payées selon un tarif — d'ailleurs assez modeste — qui se fixe vers 1360, avec le retour à une monnaie stable, et reste pratiquement inchangé jusqu'en 1515, c'est-à-dire jusqu'au début de la grande inflation du xvie siècle.
Extrait du compte de Jean Le Mercier, trésorier des guerres du roi, du 1er avril 1368 au 1er mai 1369 :

Chevalier banneret : 40 s. t. par jour.
Chevalier bachelier : 20 s. t.
Écuyer : 10 s. t.
Archer étoffé : 10 s. t.
Archer non étoffé : 5 s. t.[2]

En moyenne, chaque corps de cavaliers comprend un nombre très faible de chevaliers bannerets (de 1 % à 2 %), un nombre restreint de chevaliers bacheliers

1. *Ibid.*, p. 342, n° 679.
2. B.n.F., Decamps 84, f. 106ro (n. a. f. 7414).

(10 %), en sorte que l'homme d'armes ordinaire est celui qui est compté comme écuyer. Il touche donc 15 l. t. par mois. C'est sur cette base que repose l'unité financière courante, la paye. D'autre part, chaque homme d'armes dispose de deux ou trois chevaux, d'un page ou d'un valet, et le plus souvent des deux. Les 10 s. t. qu'il prend chaque jour du roi et qui doivent donc suffire à l'entretien de 2 ou 3 hommes et des chevaux correspondants, ne lui permettraient qu'un niveau de vie comparable à celui du salarié moyen, si d'autres ressources, licites ou illicites, ne s'y ajoutaient le plus souvent.

6 000 hommes d'armes représentent ainsi 15 000 individus environ et autant de chevaux, comptés pour 6 000 payes, soit une dépense de 90 000 livres par mois. En fait, il est certain qu'en 1372, par exemple, l'entretien mensuel des gens de guerre n'excédait pas 42 000 livres : c'est dire que l'effectif permanent normal dont disposait le roi de France ne devait pas atteindre 3 000 hommes d'armes. Ceux-ci sont organisés en compagnies ou routes, dont l'effectif théorique, depuis 1351, est de 100 hommes d'armes : chiffre rarement atteint dans la pratique, bien qu'on constate une tendance à affecter à chaque compagnie un nombre rond de combattants.

L'ordonnance du 13 janvier 1374 précise l'organisation et la discipline de l'armée :

Charles par la grâce de Dieu, roi de France. À tous ceux qui ces présentes lettres verront, salut. Savoir faisons que, pour ce que nous avons entendu qu'aucuns capitaines qui ont eu, pour le temps des guerres, gouvernement de gens d'armes, n'ont pas tenu le nombre dont ils faisaient montre et prenaient payement, et que, souventes fois, les deniers qu'ils en recevaient, ils ne les payaient pas à leurs gens selon ce qu'ils les avaient reçus ; et aussi que, quand lesdites gens se partaient avant le temps qu'ils devaient servir, ils n'en faisaient aucune mention aux trésoriers des guerres, leurs lieutenants et clercs des montres, et quand, après leur cassement, ils faisaient compte avec les trésoriers des guerres, que les sommes qui étaient dues à eux et à leurs gens, ils recevaient par-devers eux sans rien en bailler à leurs gens ; par quoi ils prenaient occasion d'eux plaindre de nous de défaut de payement ; et outre, que pour le grand nombre des capitaines qui a été le temps passé à nos osts et chevauchées, et par espécial cette saison, grand nombre de gens de petit état ont été passés ès montres, et combien qu'ils fussent reçus à gages, armés et montés moins suffisants, dont ils ont pillé et robé tant ès bonnes villes comme au plat pays, et fait plusieurs grands dommages sur les lieux par où ils sont passés. Nous, pour obvier aux inconvénients dessusdits et à plusieurs autres touchant le fait de la guerre, par grand avis et mûre délibération de conseil, avons voulu, établi et ordonné les choses qui s'ensuivent :

Et premièrement,

Que notre connétable de France qui à présent est ou sera, nommera et ordonnera certaine personne pour recevoir les montres des gens de son hôtel ; et chacun de nos maréchaux, quatre lieutenants pour recevoir les montres de toutes manières de gens, et le maître des arbalétriers un pour recevoir les gens de son hôtel seulement.

Item. Notre connétable, nos maréchaux, le maître des arbalétriers et tous les autres capitaines des gens d'armes, le mieux et le plus loyalement qu'ils pourront, exerceront et gouverneront leurs offices et feront tenir, garder et accomplir notre présente ordonnance.

Item. Eux, leurs lieutenant, commis et députés ne recevront ni souffriront être reçus à montre et à revue aucunes gens de guerre s'ils n'y sont en personne, montés et armés suffisamment de leur propre harnois, de son cheval ou de son maître ; et aussi si, en faisant la montre ou revue, il ne jure sur les Saintes Évangiles de Dieu qu'en tel état il servira pour le temps qu'il recevra nos gages.

Item. Ils prendront en leur compagnie et se chargeront de bonnes gens d'armes de fait, tels qu'ils les prendraient pour leur propre fait ; lesquels ils connaissent, et qu'ils soient gens de tel état qu'ils doivent être reçus à nos gages ; et ne les laisseront ou leur donneront congé sans cause raisonnable.

Item. Si aucun se partait devant le temps qu'il devrait servir sans congé et sans loyal exoine, ils le révèleront et diront au trésorier des guerres ou à son lieutenant qui fera le payement pour lui faire rabattre pour le temps qu'il aura été hors.

Item. Ils feront jurer aux gens d'armes qui seront sous eux qu'ils ne feront aucun dommage sur les gens et sujets d'aucun des pays de notre royaume étant en notre obéissance.

Item. Ils feront jurer à leurs gens en faisant leurs montres qu'ils se gouverneront bien, loyalement et raisonnablement, sans prendre aucune chose ès villes fermées, forteresses et autres lieux sans en payer le prix raisonnable et faire satisfaction ès hôtels ; et aussi que de nos sujets et obéissants ils ne prendront ni recevront deniers, vivres ou autres choses, à cause de prise ou de rançon ou autres occasions quelconques ; et sitôt qu'ils seront cassés des gages, ils s'en retourneront en leurs maisons ; et s'ils ne font ainsi ils perdront leurs chevaux et harnois et du demeurant seront à notre volonté.

Item. Si les gens d'armes qui seront sous aucun capitaine font aucune pillerie, roberie ou dommage durant leur service, les capitaines les contraindront à dresser et réparer ces dommages.

Item. Si l'on trouve aucunes gens de pied ou de cheval suivant l'ost qui ne soient gens de métier, marchands ou autres gens nécessaires pour servir l'ost, les lieutenants ou chefs de guerre qui y seront les feront contraindre à vider et partir.

Item. Que tous les payements des gens d'armes se feront dorénavant par chambre à part et ne recevra aucun capitaine aucun payement ni fera compte que pour les gens de son hôtel tant seulement ; et est notre intention qu'à ceux qui viendront mandés par nous en notre service, l'on comptera, après leurs cassement, venue et retour raisonnablement.

Item. Les gens d'armes que nous tiendrons de ci en avant à nos gages seront divisés par routes, chacune de cent hommes d'armes, et en chacune route il y aura un capitaine ; et au-dessous du nombre de cent hommes d'armes, il n'y aura pas de capitaines, mais ils feront des chambres, selon ce qu'ils voudront recevoir leur payement.

Item. Dorénavant, nul ne sera capitaine de gens d'armes sans notre lettre et autorité, ou de nos lieutenants et chefs de guerre, ou d'autres princes et seigneurs de notre royaume pour notre service, bien, sûreté et défense de leurs pays, sous peine de perdre chevaux et harnois et tous biens meubles et héritages.

Item. Nul n'aura état, si ce ne sont les capitaines ordonnés au dit nombre de cent hommes d'armes, lesquels auront chacun cent francs par mois ; et des lieutenants et chefs de guerre qui auront plus grand nombre de gens d'armes sous leur gouvernement, sera notre ordonnance de leur donner tel état comme il nous plaira.

Item. Sitôt comme les montres seront faites, et les gens d'armes auront reçu leur payement, les capitaines les amèneront tout droit et le plus tôt qu'ils pourront ès frontières ordonnées, sans les laisser séjourner sur les pays et les tiendront ès lieux plus convenables pour le profit de la guerre.

Item. Nos lieutenants, connétables, maréchaux et maîtres des arbalétriers et capitaines de gens d'armes jureront, avant que leurs lettres d'offices ou capitai-

neries leur soient rendues, sur les saints Évangiles
de Dieu, sur leur honneur et par leur foi et loyauté,
que les ordonnances dessusdites, et toutes les choses
contenues en icelles, ils garderont, tiendront et accom-
pliront de point en point et feront tenir, garder et
accomplir loyalement et véritablement. Et nous plaît
que les ordonnances dessusdites soient publiées à
Paris, ès frontières et ès autres notables lieux du
royaume dont il semblera être expédient à notre conseil et à nos officiers sur le fait de nos guerres.

En témoignage de ce, nous avons fait mettre notre
sceau à ces lettres.[1]

Après avoir retenu telle compagnie, le roi en fait aver-
tir son trésorier des guerres, chargé du payement :

Charles par la grâce de Dieu roi de France, à notre
aimé et féal trésorier de nos guerres Jean Le Flament,
salut et dilection. Comme notre très cher et très aimé
frère le duc d'Anjou eut au mois d'octobre dernier
retenu notre aimé et féal chevalier et chambellan Olivier de Mauny au nombre de cent hommes d'armes
pour nous servir en nos guerres ès parties de Bretagne, à la garde et sûreté de la ville et château de Dol,
et lui eut ordonné prendre et avoir pour l'état de sa
personne la somme de 200 l. t. par mois, et depuis

1. *Ordonnances des rois de France. Cinquième volume contenant
les Ordonnances de Charles V, données depuis le commencement de
l'année 1367 jusqu'à la fin de l'année 1373*, éd. Denis-François
Secousse, Paris, Imprimerie royale, 1736, p. 658-662 (extraits).

l'aions cassé desdits cent hommes d'armes et retenu de nouveau au nombre de cinquante hommes d'armes pour nous servir èsdites parties à 200 francs par mois, nonobstant qu'il n'ait que 50 hommes d'armes, si nous mandons lui faire compte et payement. Donné en notre château du Louvre, le 13 mars 1380.[1]

Ce payement s'effectue après que la compagnie a été passée en revue ou à montre. Cette opération a un double caractère, à la fois financier et militaire : il s'agit de vérifier les effectifs mais aussi l'armement de chacun. En principe les deux maréchaux de France, ou leurs commis, sont chargés de passer les montres. Un clerc du trésorier des guerres les accompagne dans leur tournée afin de verser la solde aux chefs de chacune des chambres qui composent la compagnie. La périodicité des montres est fort irrégulière : un effort est fait cependant pour les rendre mensuelles. Le payement s'effectue pour le service déjà accompli. Mais des prêts peuvent être versés à chaque entrée en campagne.

Charles par la grâce de Dieu roi de France. À notre aimé et féal chambellan Jean du Juich, capitaine de la ville de Conq, salut et dilection. Comme de nouvel nous ayons retenu nos aimés et féaux, c'est à savoir Maurice de Trézéguidi, chevalier, capitaine de la ville de Hennebont en Bretagne, au nombre de 40 hommes d'armes, lui compris, et Olivier Le Moine, écuyer,

---

1. Pierre-Hyacinthe Morice, *Mémoires pour servir de preuves à l'Histoire ecclésiastique et civile de Bretagne*, *op. cit.*, col. 416-417.

capitaine de Lesneven, au nombre de 32 payes à lui, pour nous servir en nos guerres, en la garde desdites villes au pays de Bretagne, nous confiant à plein de votre sens, loyauté et diligence, vous avons commis à recevoir les montres des dessus nommés. [Au Bois de Vincennes, le 1ᵉʳ juillet 1377.][1]

> Jusque vers 1370-1380 (cela dépend des régions), la montre comprend, outre l'énumération des combattants passés en revue, une description et une estimation du cheval de combat sur lequel chaque homme sera monté, le jour de la bataille, en vue du *restor*, c'est-à-dire du remboursement du cheval, s'il meurt ou est *affolé*. Dans ce cas, son propriétaire en rend la peau aux chefs de l'armée qui, en échange, lui versent une indemnité. C'est pour éviter les supercheries qu'il est nécessaire de préciser sommairement la couleur de sa robe.

La montre d'Étienne Maynart, lui, 8 chevaliers et 13 écuyers de sa compagnie, reçue à Poitiers le 1ᵉʳ jour de juin l'an 1373.

Premièrement, ledit Étienne Maynart, cheval bai, 100 livres.

Messire Hugues d'Angliers, cheval liart [*gris pommelé*], 50 livres.

Louis de Lesgue, cheval roux, 40 1.

Rigau de Champiers, cheval noir étoilé, 40 1.

Guy de Fontenay, cheval tout noir, 40 1.

1. *Ibid.*, col. 437.

Floton de Revel, cheval gris roan, 50 l.

Renaud de Bressoles, cheval noir étoilé, 40 l.

Hermant de Langeac, cheval fauve, 30 l.

Louis de Brousse, cheval liart, 60 l.

Pierre de Bouleuse, cheval moreau fendu, 40 l.

Guillonnet d'Entin, cheval brun bai, 45 l.

Thomassin Ancel, cheval gris roan, 25 l.

Hilairet Gaffart, cheval gris, 40 l.

Colinet Noquet, cheval gris, 30 l.

Perruce, cheval gris, 40 l.

Perrot de Vernuyl, cheval bai, crins et jambes noirs, 30 l.

Thomas du Plessis, cheval moreau [*noir*], 30 l.

Yvon Belot, cheval moreau, 40 l.

Guillaume Regnaut, cheval bai étoilé, 25 l.

Guillaume de Foucart, cheval moreau, 40 l.

Cordelier, cheval liart, 40 l.

Jean Hardenois, cheval brun bai, 20 l.

Jean Aubert, cheval bai, 30 l.[1]

Une fois la somme versée, le chef de chambre ou de détachement en donne quittance :

Nous, Alain de Rohan, sire de Léon, chevalier banneret, confessons avoir reçu de Jean Le Flament, trésorier des guerres, 540 livres sur les gages de nous, banneret, un chevalier bachelier et 30 écuyers de notre

1. *Archives historiques du Poitou*, t. XIX, p. LXVI-LXVII.

compagnie, sous le gouvernement de monseigneur le connétable. À Thérouanne, le 12 octobre 1383.[1]

Pour mener sa guerre, le roi se contente normalement de volontaires soldés par lui. Mais lorsqu'il décide telle grande expédition ou bien quand le royaume est envahi, il élargit son système de recrutement : il fait appel à des princes étrangers qui se sont engagés à le servir contre le payement d'une pension annuelle ou d'une rente en forme de fief, en contrepartie de laquelle ils prêtent l'hommage. Surtout, il peut convoquer, en tant que suzerain, tous les possesseurs de fiefs du royaume, c'est-à-dire l'ensemble de la noblesse, qui, en échange de ce service, est désormais normalement exempte des tailles, aides et fouages. En principe même, il peut compter sur tous les hommes libres pour défendre le royaume ; en fait, il se contente de demander des hommes, des chevaux, des charrettes à certaines communautés, surtout urbaines ; ceux qui resteront (l'immense majorité des Français) sont censés se libérer par l'impôt de leurs obligations militaires. D'où la transformation que subit le sens du mot arrière-ban : jusqu'au milieu du XIVe siècle, il signifie la levée en masse, du moins théorique ; au XVe, il paraît ne désigner que la convocation des seuls « fieffés arrière-fieffés et autres nobles suivant les armes ». Surtout si les princes apanagés appliquent dans leurs propres domaines les ordonnances royales (et tel est le cas à la fin du XIVe siècle), les effectifs ainsi réunis peuvent être assez considérables. Au début du règne de Charles VI, de 1382 à 1392, la monarchie française a ainsi rassem-

1. Pierre-Hyacinthe Morice, *Mémoires pour servir de preuves à l'Histoire ecclésiastique et civile de Bretagne*, op. cit., col. 437.

blé, pour des expéditions d'ailleurs décevantes ou inu-
tiles, des armées importantes, comparables par
l'ampleur à celles dont Philippe VI et Jean le Bon
avaient disposé entre 1336 et 1356. En 1386, par
exemple, à l'instigation du duc Philippe de Bourgogne, véritable chef de la maison de France, on a songé
à envahir l'Angleterre. On entreprit d'immenses préparatifs. De toutes parts, les gens de guerre affluèrent.
D'après les comptes des deux trésoriers des guerres
— tout le monde en effet est en principe payé dès
l'entrée en campagne —, les effectifs sont montés à
160 bannerets, 1542 chevaliers bacheliers et 13 982
écuyers : soit près de 16 000 hommes d'armes, au bas
mot 40 000 individus et autant de chevaux, auxquels
il convient d'ajouter un minimum de 1 380 gens de
trait, les contingents des villes et les marins destinés
à transporter cette armée. Il est difficile de penser que
les effectifs totaux aient été inférieurs à 50 ou 60 000
hommes, les deux tiers, il est vrai, formés de non-combattants. Compte tenu de son souci du pittoresque et
du grandiose, Froissart, témoin oculaire, confirme ces
déductions.

Le jeune roi Charles de France avait trop grande
affection d'aller à main armée et à puissance de gens
d'armes et de vaisseaux au royaume d'Angleterre et
en avait de son accord tous chevaliers et écuyers du
royaume de France, et par espécial son oncle, le duc
de Bourgogne, le connétable de France, le comte de
Saint-Pol, nonobstant qu'il eût épousé la sœur du roi
Richard d'Angleterre, et le seigneur de Coucy. Et
disaient ces seigneurs, et aussi la plus grande partie
de la chevalerie de France : « Pourquoi n'allons-

nous une fois en Angleterre voir le pays et les gens ?
Et apprendrons le chemin si comme les Anglais en
leur temps l'ont appris en France. » Dont il advint
en cette année que les plus grands et les plus beaux
apparaux se firent en France. Tailles furent levées et
assises généralement sur toutes gens, tant en cités et
en bonnes villes qu'au plat pays. Et tout l'été,
jusqu'au mois de septembre, on ne fit que moudre
farine et cuire pain et biscuit à Tournai, à Lille, à
Douai, à Arras, à Amiens, à Béthune, à Saint-Omer
et à toutes les villes voisines de l'Écluse, car telle
était l'intention du roi de France et de son conseil
qu'à l'Écluse on monterait là en mer, et par là on
irait entrer en Angleterre et tout le pays détruire.
Bien riches gens parmi le royaume de France, pour
l'aide de ce voyage et pour avoir navires et vaisseaux
assez, étaient taillés et taxés au tiers ou au quart de
leur chevance. Et plusieurs menues gens payaient plus
qu'ils n'avaient vaillant, et pour accomplir le payement des gens d'armes. Mouvant d'Espagne, du port
de Séville jusqu'en Prusse, n'étaient nuls gros vaisseaux où les Français pussent mettre la main ni
l'arrêt, qui fût en leur prière ou obéissance, que tous
ne fussent retenus pour le roi et pour ses gens. Avec
tout ce, les pourvéances de toutes parts arrivaient et
venaient en Flandre si grandes et si grosses de vins
et de chairs salées, de foin, d'avoines, de sel qu'au
temps à venir qui ne les vit alors ne voudra ou pourra
le croire. Et furent seigneurs priés, écrits et mandés
jusqu'en Savoie, jusqu'en Allemagne et sur le soleil

couchant jusqu'en la terre au comte d'Armagnac. Et furent priés ces deux lointains seigneurs à être en voyage avec le roi, le comte de Savoie, retenu à 500 lances et d'autre part le comte d'Armagnac et le dauphin d'Auvergne. Dès la Saint-Jean, furent envoyés quérir en Hollande et en Zélande, en toutes les villes sur mer et sur les rivières rentrant en mer tous les gros vaisseaux dont on se pouvait aider, et tous levés et amenés à l'Écluse ; mais Hollandais et Zélandais disaient quand on les avait levés et retenus : « Si vous voulez que nous soyons à vous et avoir notre service, payez-nous tout sec, autrement nous n'irons nulle part. » Au mois de septembre furent nombrés 87 vaisseaux. À qui regardait en la mer, les mâts semblaient un grand bois, et encore n'y était pas la navie du connétable de France, messire Olivier de Clisson, qui s'ordonnait et appareillait à Tréguier en Bretagne. Avec tout ce, le connétable de France faisait faire ouvrer et charpenter en Bretagne l'enclosure d'une ville, tout de bon bois et gros, pour asseoir en Angleterre, là où il leur plairait, quand ils y auraient pris terre, pour loger les seigneurs et retraire de nuit, pour esquiver les périls et dormir plus aise et mieux assuré. Et quand on se délogerait d'une place et on irait en une autre, cette ville était tellement ordonnée, ouvrée et charpentée qu'on la pouvait défaire par charnières ainsi qu'une couronne ; il y avait grande foison de charpentiers et d'ouvriers qui l'avaient ouvrée et savaient comment elle devait aller, et de ce étaient-ils retenus et avaient grands gages.

Qui eût été en ce temps à Bruges, à Damme et à l'Écluse et eût vu comment ont été soucieux d'emplir nefs et vaisseaux, de mettre foins par torches en tonneaux, de mettre biscuit en sacs, de mettre aulx, oignons, pois, fèves, orges, avoines, blés, chandelles de suif, chandelles de cire, houseaux, souliers, chausses à houser, bottines, éperons, couteaux, haches, cognées, pics, haviaux, claies de bois, boîtes pleines d'onguents, estoupes, courtepointes pour dormir sus, fers et clous pour ferrer les chevaux, bouteilles au verjus et bouteilles au vinaigre, hanaps, godets, écuelles de bois et d'étain, chandeliers, bassins, pots gris, instruments de cuisine et de bouteillerie, ustensiles pour autres offices et toutes choses dont se pouvait à penser qui seraient nécessaires à servir corps d'homme, avaler en nefs par tonneaux ou autrement. Sachez que l'oubliance du voir et la plaisance du considérer y étaient si grandes que, qui eût les fièvres ou le mal de dents, il eût perdu la maladie pour aller de l'un à l'autre.

Les hauts barons de France avaient à l'Écluse envoyé leurs gens pour appareiller leurs ordonnances et charger leurs vaisseaux, et pourvoir de tout ce qu'il leur besognait, car il n'y en avait nuls vraiment qui ne dussent passer, et le roi, comme jeune qu'il fut, en avait plus grande volonté que nul des autres, et bien le montra toujours jusqu'à la fin. Tous s'efforçaient les grands seigneurs les uns pour les autres à faire grandes provisions et à enjoliver et parer leurs nefs et leurs vaisseaux, à les soigner et armoier de leurs parures et armes, et vous dis que peintres y eurent trop bien leur temps. Ils gagnaient ce qu'ils voulaient demander : encore n'en pouvait-on recouvrer.

Tout ce qu'on faisait en France, en Flandre, à Bruges, à Damme et à l'Écluse pour ce voyage était su en Angleterre. Et encore courait renommée en Angleterre plus grande assez que l'apparent n'était, dont le peuple en trop de lieux était moult ébahi ; et furent généralement processions ordonnées ès cités et ès bonnes villes des prélats et des églises trois fois la semaine ; lesquelles processions étaient faites en grande dévotion et contrition de cœur, et prières et oraisons faisaient à Dieu qu'il les voulût ôter et délivrer de ce péril. Et plus de cent mille parmi Angleterre ne désiraient autre chose que les Français vinssent et arrivassent en Angleterre, et ces légers compagnons disaient, qui se confortaient d'eux-mêmes et qui voulaient réconforter les ébahis : « Laissez venir ces Français par deçà. Il n'en retournera jamais pigeon en France. » Et ceux qui devaient, qui n'avaient cure de payer ou ne le pouvaient, en étaient si réjouis que merveilles, et disaient à leurs débiteurs : « Taisez-vous, on forge en France les florins de quoi vous serez payés » ; et sur cette fiance, ils buvaient et dépensaient largement, et on ne leur refusait point de créance, car, quand à l'accroire on ne leur faisait bonne chère, ils disaient : « Que nous demandez-vous encore ? Vaut-il trop mieux que nous dépensions les biens de ce pays que les Français les trouvent et aient aise ? »

Tous les ports et tous les havres mouvant de la rivière de Humber jusqu'en Cornouailles furent tous pourvus et rafraîchis de gens d'armes et d'archers. Et étaient ordonnés sur toutes les montagnes côtoyant la mer, sur les frontières de France et de Flandre, gardées. Je vous dirai comment et en quelle manière on avait tonneaux de Gascogne vides, mis et conjoints l'un sur l'autre, et encore dessus ces tonneaux mis étaux percés sur lesquels de nuit et de jour toujours y avait hommes regardant en la mer ; et pouvaient d'une vue bien voir 7 lieues ou plus loin en la mer. Ces gardes étaient chargés, s'ils voyaient venir la navie de France et approcher l'Angleterre, de faire grands feux et d'allumer torches là sus et grands feux sur les montagnes pour émouvoir le pays et pour venir cette part toutes gens là où les feux apparaient. Il était ordonné qu'on laisserait paisiblement le roi de France et sa navie prendre terre et entrer sur le pays, et être trois ou quatre jours ; et tout premier avant qu'on les allât combattre, on irait conquérir la navie et toutes les nefs sur la mer et détruire et perdre toutes leurs pourvéances, et puis viendrait-on sur les Français, non pour combattre aussitôt mais pour les harceler, de sorte que leurs gens ne pussent ni n'osassent aller fourrager ; et ils ne sauraient quoi ni où fourrager, car le plat pays serait tout perdu davantage, et l'Angleterre est un mauvais pays à chevaucher.

Quand ils partaient de leurs maisons, chevaliers et écuyers se tenaient pour bien heureux de faire avec le roi de France un voyage en Angleterre ; ils disaient : « Or irons-nous sur ces malheureuses gens Anglais qui ont fait tant de maux et de persécutions en France. À ces coups, en aurons-nous honorable vengeance de nos pères, de nos mères et de nos amis qu'ils nous ont occis. » — « Ah ! disaient les autres, un jour vient qui tout paye ; nous sommes nés à la bonne heure, quand nous voyons ce que nous désirons le plus voir. » Et sachez qu'on mit plus de 12 semaines à faire les pourvéances des seigneurs et à charger les vaisseaux. Et disait-on en Flandre : « Le roi viendra demain, le roi viendra demain. » Quand ce vint à la mi-août et que le voyage se devait approcher, et pour donner l'exemple à tous qu'il entreprenait ce voyage de grande volonté, le roi de France prit congé à la reine sa femme, à la reine Blanche, à la duchesse d'Orléans et aux dames de France, et ouït messe solennelle en l'église Notre-Dame de Paris, et prit lors congé de tous ; et son intention était que, lui sorti de Paris, il n'y rentrerait jamais sans avoir été en Angleterre. Adonc vint le roi de France à Compiègne, et puis à Noyon, et puis à Péronne, à Bapaume, et puis à Arras ; et toujours des gens arrivaient de tous côtés, si grandement que tout le pays s'en trouvait mangé et perdu, et au plat pays rien ne demeurait qui ne fut tout à l'abandon, sans payer denier. Les pauvres laboureurs qui avaient recueilli leurs grains n'en avaient que la paille, et s'ils en parlaient, ils étaient battus ou tués ; les viviers étaient pêchés, les maisons abattues pour faire du feu ; les Anglais, s'ils étaient arrivés en France, n'auraient point fait de plus grands ravages que les routes des Français qui disaient : « Nous n'avons point d'argent maintenant, mais nous en aurons assez au retour, et vous payerons tout sec. » Là les maudissaient les pauvres gens qui voyaient prendre et détruire le leur par les valets, et n'en osaient sonner mot, et leur chantaient une note entre leurs dents tout bas : « Allez-y, infecte crapaudaille, que jamais pied n'en puisse retourner. »

Or vint le roi de France à l'Écluse. Le duc de Touraine, son frère, et l'évêque de Beauvais, chancelier de France et plusieurs grands seigneurs de France et de Parlement avaient pris congé de lui à Lille en Flandre et étaient retournés à Paris ; aussi me fut dit qu'on avait baillé le gouvernement du royaume au duc de Touraine jusqu'au retour du roi, avec l'aide de plusieurs grands seigneurs de France qui n'étaient pas ordonnés d'aller en Angleterre. Et sachez que si les grands seigneurs étaient bien payés et délivrés de leurs gages et soldes, les petits compagnons le comparaient, car on leur devait déjà un mois qu'on ne voulait payer, et le trésorier des guerres disait et aussi faisaient ses clercs à la Chambre aux deniers : « Attendez jusqu'à la semaine, vous serez délivrés de tous points. » Ainsi étaient-ils délayés de semaine en semaine, et quand on leur fit un payement, il ne fut que d'un mois, et on leur devait six semaines ; aussi

les aucuns, qui imaginaient l'ordonnance et la substance du fait et comment on les payait mal, s'en
mélancolirent et dirent que le voyage ne tournerait
jamais à bonne fin. Quelques-uns, quand ils eurent
un peu d'argent, s'en retournèrent en leur pays ;
ceux-là furent sages, car les petits compagnons chevaliers et écuyers qui n'étaient retenus de grand seigneur, dépensaient tout, car les choses étaient si cher
en Flandre qu'ils étaient tout soucieux d'avoir du
pain et du vin, et s'ils voulaient vendre leurs gages
et armures, ils n'en trouvaient maille ni denier et à
les acheter ils les avaient trouvés moult cher.

On attend toujours le duc de Berri et le connétable de
Clisson.

Or vint le duc de Berri à Paris et ouït messe en
l'église Notre-Dame, et prit là congé et donna à entendre à tous que jamais il ne retournerait s'il n'avait
été en Angleterre, mais il pensait tout le contraire et
il n'avait aucune envie d'y aller, car la saison était
déjà trop avalée et l'hiver trop avant. Tous les jours
qu'il fut en chemin, il avait lettres du roi et de monseigneur de Bourgogne qui le hâtaient et ces lettres
et messages disaient qu'on n'attendait que lui ; le
duc de Berri chevauchait en avant, mais c'était à petites journées. Or se départit le connétable de France
de Tréguier, une cité séant sur mer en Bretagne, avec
grande charge de gens d'armes et de belles pourvéances, et étaient en somme 72 vaisseaux tout char-

gés. En la compagnie du connétable, étaient les nefs
qui menaient la ville ouvrée et charpentée de bois
pour asseoir et mettre sur terre, quand on serait arrivé
en Angleterre. Le connétable et ses gens eurent assez
bon vent de commencement ; mais quand ils approchèrent l'Angleterre, il leur fut trop grand et trop
dur, et plus ils cheminaient avant et plus il grossis-
sait. Il advint qu'à l'encontre de Margate, à l'embouchure de la Tamise, le vent leur fut si grand que, le
voulussent ou non les marins, leurs nefs furent toutes
dispersées et il n'y avait pas vingt voiles ensemble ;
le vent en bouta en la Tamise aucunes nefs qui furent
prises des Anglais, et par espécial il y en eut une ou
deux où étaient une partie de la ville de bois et les
maîtres qui l'avaient charpentée. Tout fut amené par
la Tamise à Londres, et le roi en eut grande joie,
ainsi que les Londoniens. Encore des nefs du connétable, il y en eut 7 qui cheminèrent aval le vent, chargées de pourvéances, qui furent prises en Zélande,
mais le connétable et les seigneurs à grand peine et
à grand péril vinrent à l'Écluse.

Le duc de Berri rejoint aussi. Mais les vents restent
contraires. Vers le 30 novembre, le conseil du roi doit
prendre la décision finale.

Le duc de Berri, pour tant qu'il était entre les princes de France le plus aîné et le plus prochain du roi,
car c'était son oncle, et aussi il avait demeuré, contre
sa volonté, plus de 5 ans en Angleterre comme otage

pour la rédemption du roi Jean son père, et il connaissait bien le pays et la puissance des Anglais, remontra au conseil des nobles de France, auquel pour le temps d'alors toutes les choses du royaume dépendaient, et dit ainsi : « Vérité est qu'on doit avoir soin et désir de vaincre et soumettre ses ennemis, et sur cette instance, ces gens d'armes et nous aussi reposons ici à l'Écluse pour faire le voyage d'aller en Angleterre. » Et lors le duc de Berri se tourna sur son frère le duc de Bourgogne et assit toute sa parole à lui et dit : « Ainsi beau frère, je ne me puis excuser ni ignorer que je n'ai été en France à la plus grande partie des conseils par lesquels cette assemblée est faite. Or j'ai depuis pensé sur ces besognes trop grandement, car elles font tant à toucher qu'onques emprise que roi de France entreprit, ne fut si grande ni si notable ; et toutefois, considéré les périls et incidences merveilleuses qui peuvent en naître et venir au royaume de France, je n'oserai conseiller que, sur la saison qui est si tardive comme au mois de décembre que la mer est froide et orgueilleuse, nous mettions le roi en mer, car, si mal en venait, on dirait partout que nous qui avons le gouvernement du royaume, l'avons conseillé et mené là pour le trahir ; avec tout ce, vous avez déjà ouï dire aux plus sages marins qu'il n'est pas en leur puissance de pouvoir, sur le temps qu'il fait et sur le vent contraire, tenir deux voiles ensemble, et l'Angleterre est un pays moult dangereux à arriver. Supposons que nous y arrivions : c'est un pays sur la mer qui est très mauvais pour combattre, et pour brûler et détruire notre flotte et toutes nos pourvéances en une nuit, car nous ne pouvons tenir la terre et la mer. C'est pourquoi je dis que ce voyage est nul, car si par fortune nous étions déconfits et le roi mort ou pris, le royaume de France serait pour nous perdu sans recouvrer, car si est toute la fleur du royaume. Et qui voudrait faire un tel voyage pour lequel nous sommes ici rassemblés, il le faudrait faire sur l'été, non pas sur l'hiver, que la mer est calme et le temps bel et serein, et que les chevaux trouvent aux champs vivres appareillés, nonobstant que pour vie des chevaux vous trouverez en Angleterre peu, fors prairies, bois ou bruyères. De mon conseil nous n'irons pour cette saison plus avant, mais à l'été je conseille que nous remettions sus ici ou à Harfleur, notre flotte et tous ces gens d'armes et achevions ce que nous avons entrepris. »

À cette parole du duc de Berri, ceux du conseil ne répondirent point en brisant son avis, car il leur semblait qu'il était si grand et si haut prince qu'il devait bien être cru de sa parole, fors tant que le duc de Bourgogne dit : « Le meilleur et le plus profitable en est bon fait, mais, si nous faisons ainsi, nous y aurons grand blâme et nous avons déjà pour ce voyage travaillé en chevance d'or et d'argent si grandement le royaume de France, et que moult s'en plaignent ; si nous retournons sans rien faire, les bonnes gens qui ont payé ce par quoi nous sommes ici assemblés diront, et à bonne cause, que nous les avons déçus et que nous avons fait cette assemblée pour traire or et argent hors de leurs bourses. » — « Beau frère, répondit le duc de Berri, si nous avons la finance et nos gens l'ont aussi, la majeure partie en retournera en France. Toujours va et vient finance. Il vaut mieux aventurer cela que mettre les corps en péril. » — « Par ma foi répondit le duc de Bourgogne, au départir sans rien faire nous y aurons plus de blâme que d'honneur, et toutefois je veux bien que le meilleur se fasse. » Quand le roi de France put sentir et entendre que le voyage d'Angleterre se dérompait, il fut courroucé outre mesure. Le duc de Bourgogne montrait bien en ses paroles qu'il préférait passer outre que retourner, et toutefois le duc de Berri et la plus saine partie du conseil ne le voulaient pas. Ainsi se dérompit en cette saison le voyage de mer qui coûta en tailles et assises au royaume de France trente fois ou plus 100 000 francs.[1]

---

1. Froissart, *Chroniques*, publiées pour la Société de l'Histoire de France, t. XIII, *1386-1387*, éd. Léon et Albert Mirot, Paris, Klincksieck, 1957, p. 1-100 (extraits).

Chapitre VIII

LA BATAILLE D'AZINCOURT

1400 : « Un demi-siècle après les désastres de Crécy
et de Calais, la France meurtrie a repris sa place dans
l'Occident chrétien. Elle y jouit d'un prestige qu'elle
n'a pas connu depuis saint Louis et que seules de nouvelles défaites, imprévisibles encore, pourront lui faire
perdre » (Édouard Perroy).

Défaites imprévisibles mais non inexplicables. À l'origine de la nouvelle tentative anglaise, on trouve d'abord
la chute de Richard II, renversé en 1399 par son cousin
Henri de Lancastre. Or, l'entente qui, à la fin du
XIVᵉ siècle, avait fini par s'établir entre la France et
l'Angleterre reposait largement sur la personne du roi
Richard. Le nouveau souverain, au contraire, se pose
en champion du nationalisme anglais ; il règne avec le
parti de la guerre. En France d'autre part, l'unité du
royaume et l'autorité de l'état ne sont point encore assez
solides pour résister à la crise qu'a ouverte la folie de
Charles VI. Celle-ci laisse le champ libre aux rivalités
des membres de la famille royale, les « princes des
fleurs de lys » : Jean sans Peur, duc de Bourgogne,
contre Louis d'Orléans. Mettant à profit la guerre civile
qui, après le meurtre de Louis d'Orléans (1407), oppose
Armagnacs et Bourguignons, Henri V, roi d'Angleterre

depuis 1413, tente d'obtenir, par la voie diplomatique, sinon le titre de roi de France, qu'il revendique toujours en théorie, du moins une part toujours plus large du royaume, et surtout la riche Normandie dont la possession lui permettrait de surveiller Paris et de mettre en tutelle la dynastie rivale. Au début de l'année 1415, la faction des Armagnacs, alors au pouvoir, refuse de consentir à cette concession exorbitante. C'est la rupture. La parole est désormais aux armes. Sans attendre, Henri V décide de porter la guerre sur le continent : une chevauchée de style classique, aux objectifs limités, doit lui permettre de démoraliser l'adversaire.

Le système militaire anglais repose principalement sur le recrutement, opéré par le roi et les chefs d'armées, de chefs de compagnies ou de détachements aux effectifs variables, qui s'engagent à servir, eux et leurs hommes, pour une durée déterminée, contre le versement d'une solde régulière et divers autres avantages. Les conditions de cette retenue sont précisées dans un contrat qui les répète deux fois : l'acte est ensuite découpé selon une ligne brisée ou dentelée, chaque partie en conservant la moitié. On l'appelle pour cette raison « endenture ».

Cette endenture,
faite entre le roi notre souverain seigneur d'une part, et monseigneur Thomas Tunstalle d'autre part, témoigne que ledit Thomas est demeuré devers notre seigneur le roi pour le servir, par un an entier, en un voyage que notre seigneur le roi, en sa propre personne, fera, s'il plaît à Dieu, en sa duché de Guyenne ou en son royaume de France ;

Commençant le dit an, le jour de la montre à faire
des gens de sa retenue, en lieu qui de par notre seigneur le roi lui sera assigné, dedans le mois de mai
prochain venant, s'il sera lors prêt d'y faire cette
montre ;

Et aura Thomas avec lui, à ce voyage, par l'année
entière, six hommes d'armes, lui-même compté, et
18 archers à cheval.

Prenant Thomas pour les gages de lui-même 2 s.
sterling par jour.

Et si, en la compagnie du roi, Thomas passe vers
la duché de Guyenne, il prendra pour les gages de
chacun des hommes d'armes 40 marcs et pour chacun des archers 20 marcs, pour l'année entière. Et
au cas qu'en la compagnie du roi, Thomas passe vers
le royaume de France, il prendra pour les gages de
chacun des hommes d'armes 12 d. st. et pour chacun
des archers 6 d. st. par jour, durant le dit an. Et au cas
du voyage en France, Thomas prendra regard accoutumé pour lui et ses hommes d'armes, c'est à savoir
l'afférent de 100 marcs pour 30 hommes d'armes par
quartier. Desquels gages pour les parties de Guyenne,
Thomas sera payé, quand cette endenture sera faite,
pour la moitié du premier quartier, et pour l'autre
moitié quand il aura fait sa montre, prêt pour passer
vers les parties de Guyenne, si le roi y passe ou l'y
envoie.

Et s'il advient qu'après la montre, le roi ne passe
pas en sa duché de Guyenne, mais se transporte vers
les parties de France, alors Thomas sera payé de ce

qui lui sera dû pour le premier quartier, outre la somme reçue par lui, pour les gages et regard, aussi bien de lui-même que des gens d'armes et archers ainsi passant vers les parties de France.

Et pour la sûreté du payement, pour le second quartier, le roi fera livrer à Thomas en gages, le premier jour de juin prochain venant, joyaux qui, par l'agrément de Thomas, pourront bien valoir la somme à laquelle les gages, ou gages avec regard, s'étendront pour ce quartier.

Suivent des précisions concernant le payement des autres quartiers.

Ledit Thomas sera tenu d'être prêt à la mer avec ses gens bien montés, arroyés et armés comme il appartient à leur état, pour y faire sa montre le premier jour de juillet prochain. Il aura, aux dépens du roi, les frais de traversée, aller et retour, pour lui et sa retenue, leurs chevaux, harnois et vitaille, comme auront les autres de son état passant à ce voyage. S'il advient que l'adversaire de France, ou aucun de ses fils, neveux, oncles ou cousins germains, ou un roi de quelque royaume que ce soit, ou des lieutenants et autres capitaines ayant pouvoir de l'adversaire de France est pris à ce voyage par Thomas ou aucun de sa retenue, le roi les aura et en fera raisonnable agrément à Thomas ou à celui qui les aura pris.

Touchant les autres profits des gains de guerre, le roi aura le tiers des gains de Thomas et le tiers du tiers des gains des gens de sa retenue pris à ce voyage, comme les gains des prisonniers, monnaie, or, argent et joyaux excédant la valeur de 10 marcs.

En témoignage de laquelle chose, à la partie de cette endenture demeurant devers notre seigneur le roi, Thomas a mis son sceau.

Donné à Westminster le 29e jour d'avril, l'an du règne de notre dit seigneur le roi tiers [*1415*].[1]

Souverain autoritaire, Henri V s'efforce de faire régner un ordre rigoureux au sein de son armée.

Ce sont les statuts et ordonnances faites par le très noble roi Henri V :

Obéissance. Et premièrement que toutes manières d'hommes, de quelque nation, état et condition qu'ils soient, obéissent à notre souverain seigneur le roi, à son connétable et maréchal, sous peine de prise de corps et de biens.

Pour la Sainte Église. Que nul ne soit si hardi, s'il n'est prêtre, qu'il touche le sacrement du Corps de Dieu, ou la custode dans laquelle se trouve le précieux sacrement, sous peine de la hart. Que nul ne soit si hardi qu'il pille la Sainte Église ou les biens lui appartenant, qu'il tue un homme appartenant à la Sainte

1. Thomas Rymer, *Foedera, conventiones, literae, et cujuscunque generis acta publica inter reges Angliae, et alios quosvis imperatores*, t. IX, Londres, J. Tonson, 1729, p. 233-235. Le texte original de ce document est en français, tel qu'on l'écrit au début du XVe siècle dans l'administration royale anglaise.

Église, clerc ou non, s'il n'est pas armé, sous peine de mort. Que nul ne soit si hardi qu'il tue ou efforce une femme, sous la même peine. Que nul ne fasse prisonniers femmes ni membres de la Sainte Église s'il n'est armé, sous peine d'emprisonnement et son corps à la volonté du roi.

Logis. Que nul ne prenne logis sinon par assignation du connétable et maréchal, et, quand l'assignation est faite, que nul ne soit si hardi qu'il le quitte, sous peine de confiscation du cheval et du harnois jusqu'au payement de l'amende, et son corps à la volonté du roi.

Pillage. Que nul ne soit si hardi qu'il crie « Au pillage ! » sous la peine que le premier qui poussera ce cri sera mis à mort, et ceux qui l'auront imité verront leurs chevaux et harnois confisqués et gardés par le connétable et maréchal jusqu'au payement de l'amende, et leur corps à la volonté du roi.

Montre. Quand il plaît au roi de faire une montre en son ost, que nul ne soit si hardi qu'il ait à sa montre d'autres hommes que ceux de sa retenue pour le voyage en question.

Gains de guerre. Que tout homme paye le tiers de ses gains de guerre à son capitaine, seigneur ou maître.

Insigne. Que tout homme porte sur lui le signe de Saint George suffisamment large, pour qu'il ne soit pas blessé ou tué ; qu'aucun ennemi ne le porte, s'il n'est prisonnier et à la garde de son maître.

Prisonniers. Si un homme met un ennemi à terre, c'est à lui qu'il appartient ; mais si, une fois à terre, l'ennemi donne sa foi à un autre, celui qui l'a fait tomber l'aura pour moitié et celui qui a reçu la foi pour l'autre moitié ; ce dernier recevra en outre la garde du prisonnier. Si un homme fait un prisonnier, et si un autre arrive et en demande une part, menaçant, si elle lui est refusée, de tuer le prisonnier, le deuxième homme n'aura rien du tout, même si cette part lui est due ; s'il le tue, il sera arrêté par le maréchal et ne sera libéré qu'après payement de l'amende ; que nul ne soit si hardi qu'il rançonne ou vende son prisonnier sans le congé de son capitaine ; que nul ne fasse prisonniers un enfant de moins de 14 ans s'il n'est fils d'un seigneur, d'un gentilhomme honorable ou d'un capitaine.[1]

Henri V a quitté Londres le 18 juin. Le 11 août, il s'embarque à Portsmouth. Il emmène avec lui 2 000 hommes d'armes et 6 000 archers. Le 13, vers 5 heures de l'après-midi, il débarque au Chef-de-Caux (Sainte-Adresse). Le 18, il commence le siège de Harfleur. Un chapelain de sa suite, qui a écrit le récit de toute l'expédition, a fait une description assez complète de cette petite place forte.

Cette ville est située près de l'embouchure de la Seine, à l'extrémité d'une vallée par laquelle la marée monte et descend jusqu'à un mille au-delà de la ville.

1. Le texte original, en anglais, est publié dans Sir Harris Nicolas, *History of the Battle of Agincourt and of the Expedition of Henry the Fifth into France in 1415, to which is added the Roll of the Men at Arms in the English Army*, Londres, Johnson, 1832, appendice, document n° 8, p. 31-40 (extraits).

De plus, l'eau douce descend par cette vallée, remplissant des fossés d'une bonne largeur et d'une profondeur convenable, à l'extérieur des murs, tant du côté où le roi se tenait que de l'autre. Elle pénètre sous les murs, en se divisant, jusque dans la ville, par une porte fluviale et deux petits égouts latéraux voûtés, qui peuvent s'ouvrir ou se fermer, complètement ou en partie, à la volonté des habitants. À l'intérieur des murailles, son courant fait tourner deux moulins qui servent à moudre le blé. Une fois les moulins franchis, l'eau retombe dans le lit principal de la rivière qui traverse la ville et se jette dans le port.

La ville est petite, mais belle, entourée de murailles formant redants, par conséquent, selon l'avis de maître Gilles [*de Rome*], difficile à attaquer et facile à défendre. Ces murailles sont garnies de hautes tours, bien construites, entre lesquelles il existe d'autres défenses moins élevées. La ville a trois portes : l'une du côté où se trouvait le roi, les deux autres du côté opposé. Chaque porte était protégée par les fossés dont on a parlé, ainsi que par une barbacane ou boulevard. La barbacane de la première porte, la plus forte et la plus grande des trois, était garnie à l'extérieur de gros arbres non équarris, fichés en terre tout alentour, solidement serrés et reliés, presque aussi élevés que les murs de la ville, et à l'intérieur de merrain, de terre et de poutres. Dans cet ouvrage, étaient ménagés des abris et des retraits pour les Français et pour leurs munitions, des meurtrières, des créneaux et des guérites d'où ils pouvaient tirer leurs canons, leurs traits d'arbalète et autres artilleries. La forme de cette barbacane était ronde, son diamètre égal, comme nous disons, nous autres Anglais, à un jet de pierre. Elle était entourée d'un fossé très profond et très large — deux longueurs de lance dans les parties les plus étroites. Un pont dormant y donnait accès vers la ville et vers l'extérieur un petit pont-levis en bois.

Le port, qui accueille des navires jusqu'au milieu de la ville, est protégé de part et d'autre par des courtines couronnées par des tours. À son entrée, deux belles tours, entre lesquelles passe la marée, l'une très haute et très grande, doublement armée, au sommet et au milieu, l'autre plus petite, armée seulement à son faîte, sont munies de chaînes qui, passant de l'une à l'autre, interdisent l'entrée ou la sortie des navires.

Devant l'entrée et devant la portion de la muraille offerte aux navires à marée haute, les ennemis avaient placé en rangs serrés des pieux et des grands arbres, plus gros que des cuisses, les uns tournés vers la ville et les autres vers la Seine, de telle sorte que si les navires avaient voulu profiter du flot pour pénétrer dans Harfleur par le port ou tenter un assaut contre les murs, la vue de ces pieux les aurait fait reculer. Et s'ils avaient passé outre ou si la marée les avait trompés, ils se seraient jetés dessus et y auraient fait naufrage.

Le roi décide de faire un blocus complet de la ville : sur la rive droite de la rivière de Harfleur, la Lézarde,

ses propres troupes ; sur la rive gauche, celles du duc
de Clarence ; du côté de la mer, la flotte anglaise ;
enfin des petits bateaux, en amont de Harfleur, assurent
la liaison entre les deux corps. Dans la ville, quelques
centaines de combattants français assurent la défense.
Henri V tente vainement d'obtenir d'emblée la reddition de place.

Alors nuit et jour, sous les coups des assiégés il fit
dresser et disposer contre les murs ses machines et
ses canons. Des fortifications et des abris les proté-
geaient ; les canons en particulier étaient placés dans
de hautes et épaisses machines de bois et de fer ; au
signal donné, ils tiraient à boulets de pierre sur la
ville. De part et d'autre de ces batteries, on creusa
des fossés dont la terre était rejetée sur des fascines
pour protéger les artilleurs et les pionniers. Un même
dispositif mettait à couvert les détachements postés
nuit et jour face à la barbacane de l'ouest afin de
repousser toute sortie des assiégés. On creusait sans
cesse : on ne s'arrêta que lorsqu'on fut arrivé aussi
près que possible de l'ouvrage. Pendant ce temps, les
canons et les engins frappaient avec tant de violence
la barbacane qu'en peu de jours elle fut détruite. Dans
la ville même, presque jusqu'au cœur, de très belles
constructions étaient ruinées ou disloquées.

Je ne veux pas garder entièrement le silence sur
les exploits des assiégés : de la barbacane, des murs
et des tours, tant qu'ils furent armés, et après leur
désarmement des ruines, des meurtrières et des embrasures démolies, de tous les lieux même où il était

impossible de supposer qu'ils s'étaient réfugiés, les Français faisaient tirer à l'improviste leurs canons, leurs arbalètes, leurs machines, causant aux assaillants tout le mal possible. Ce que nos canons avaient détruit le jour était réparé la nuit au moyen de pièces de bois et de tonneaux pleins de terre. Les rues et les ruelles étaient couvertes d'une couche épaisse de boue, de fumier et de terre, où s'enfonçaient les pierres lancées par nos canons, pierres dont les éclats auraient, sans ces précautions, blessé ou tué les assiégés. En prévision d'un assaut, sur les murs il y avait des pots pleins de poudre inflammable, de soufre et de chaux vive.

Le roi fit creuser une mine sous les murs, du côté où était le duc de Clarence, mais à cause du voisinage de la colline et pour d'autres motifs, force fut aux Anglais, contrairement aux principes posés par maître Gilles, de commencer le travail à la vue des assiégés. Aussi par deux fois les contre-mines des Français déjouèrent ces projets. Une troisième mine n'eut pas plus de succès.

Sur l'ordre du roi, des fascines de dix pieds de long avaient été apportées pour combler les fossés de la ville à l'ouest ; des châteaux de bois de la hauteur des remparts avaient été construits ainsi que des échelles et autres instruments d'escalade, en plus de ceux qu'on avait apportés d'Angleterre.

Mais on craint que les Français n'y mettent le feu ; l'assaut est différé.

La division des assiégeants en deux corps qui ne communiquaient ensemble que par des barques ou en faisant un long circuit, mettait en grand danger le duc de Clarence et ses hommes en cas d'attaque de l'extérieur, son camp étant le plus rapproché de l'ennemi. Conformément aux principes de maître Gilles, un fossé fut donc creusé du côté où le secours français pouvait venir, et la terre rejetée vers le camp anglais, puis soutenue par une palissade de gros arbres et de pieux ; des embrasures y furent ménagées pour les canons, les arbalètes et les arcs. Tout le travail était dirigé par des maîtres d'œuvre.[1]

La dysenterie ravage le camp des assiégeants ; le 15 septembre, les défenseurs de la barbacane ouest font une sortie ; mais le 16 elle tombe aux mains des Anglais. Les Français se résignent alors à négocier leur reddition.

Ceux de la ville furent mis en telle nécessité qu'il leur convint prendre traité avec le roi d'Angleterre, qui fut tel qu'ils se rendraient tous prisonniers, la vie sauve, moyennant qu'ils auraient jour compétent de rendre la ville, au cas qu'à ce jour ils n'auraient secours. Ce traité fut des parties accordé, et les Fran-

1. *Henrici V, Angliae regis, Gesta*, éd. Benjamin Williams, Londres, English Historical Society Publications, 1850, p. 16-26. On a fortement remanié la traduction qu'en a donné Amédée Hellot, *Récit du siège d'Harfleur en 1415, par un témoin oculaire*, Rouen, C. Métérie, 1881, p. 11-21.

çais envoyèrent devers le roi et le duc de Guyenne
pour lui dénoncer le traité tel que dessus est dit, et
aussi s'ils seraient secourus. Les messagers trouvèrent
le duc de Guyenne à Vernon sur Seine, lesquels lui
remontrèrent l'état et la nécessité de ceux de Harfleur,
qui priaient au roi et à lui avoir secours dedans les
jours qui étaient accordés. Mais, à bref dire, il leur fut
répondu que la puissance du roi n'était pas encore ras-
semblée ni prête pour bailler secours si hâtivement ;
et sur ce retournèrent les messagers ; pour laquelle
cause il convint à ceux de Harfleur de rendre la ville.
Après que les portes furent ouvertes et ses commis
entrés dedans, à l'entrée qu'il fit à la porte, le roi
d'Angleterre descendit de son cheval et se fit déchausser et en telle manière alla jusqu'à l'église Saint-
Martin, paroissiale d'icelle ville, et fit son oraison,
regraciant son Créateur de sa bonne fortune. Et après
qu'il eut ce fait, il fit mettre prisonniers tous les nobles
et gens de guerre qui y étaient ; et depuis bref ensuivant, il fit mettre leurs noms par écrit, et puis leur fit
faire serment, sur leur foi, qu'ils se rendraient prisonniers en la ville de Calais, dedans la Saint-Martin
ensuivant, et sur ce partirent. Pareillement, furent mis
prisonniers grande partie de bourgeois, et il fallut
qu'ils se rachetassent à grande finance et avec ce
furent boutés dehors, avec la plus grande partie des
femmes et de leurs enfants ; on leur baillait, au partir,
chacun 5 sous et une partie de leurs vêtements. C'était
piteuse chose d'ouïr les regrets et lamentations que
faisaient les habitants, délaissant ainsi leur ville avec

tous leurs biens. Puis furent licenciés tous les prêtres et gens d'église. Après que le roi d'Angleterre eut pourvu à la garde de sa ville de Harfleur, il prit son chemin pour aller vers Calais et ordonna ses batailles et passa par le pays de Caux en Normandie, en le gâtant et détruisant.[1]

> Le siège de Harfleur a duré un mois : du 18 août au 18 septembre. Il est étonnant que les Français n'en aient pas profité pour écraser les forces ennemies. Henri V quitte Harfleur le 7 octobre ; longeant la mer, il compte franchir la Somme au gué de la Blanche-Taque, mais un renseignement inexact le fait renoncer à ce projet : des troupes françaises se seraient massées au-delà de la Somme, sur la rive droite. Alors il décide de remonter le cours de la Somme, qu'il franchit seulement le 19 octobre, à Voyenne. Puis il reprend la marche vers Calais. Le 24 octobre, il atteint le petit village de Maisoncelle.

Le lendemain, vendredi, fête des saints Crépin et Crépinien, 25e jour d'octobre, les Français à l'aube ordonnèrent leurs batailles et prirent position devant nous dans la plaine d'Agincourt par où passait notre route vers Calais. Leur nombre était impressionnant.[2]

Vérité est que les Français avaient ordonné leurs batailles entre deux petits bois, l'un touchant à Agin-

1. *Chronique de Jean Le Fèvre, seigneur de Saint-Remy*, publiée pour la Société de l'Histoire de France par François Morand, Paris, Renouard, 1876, p. 228-229.
2. *Henrici V, Angliae regis, Gesta, op. cit.*, p. 49.

court, l'autre à Tramecourt. La place était étroite et très avantageuse pour les Anglais, et au contraire pour les Français ; car les Français avaient été toute la nuit à cheval, et si pleuvait. Pages et valets et plusieurs, en promenant leurs chevaux, avaient tout dérompu la place qui était molle et effondrée des chevaux, à telle manière qu'à grand peine se pouvaient ravoir hors de la terre, tant était molle. Or d'autre part les Français étaient si chargés de harnois qu'ils ne pouvaient avancer. Premièrement étaient armés de cottes d'acier longues, passant les genoux et moult pesantes. Et par-dessous harnois de jambes ; et par-dessus blancs harnois ; et de plus bassinets de camail. Et tant pesamment étaient armés, avec la terre qui était molle, comme dit est, à grand peine pouvaient-ils lever leurs bâtons. À merveilles y avait-il de bannières et tant qu'il fut ordonné entre les Français que plusieurs seraient ôtées et ployées. Il fut aussi ordonné que chacun raccourcît sa lance, afin qu'elles fussent plus roides quand ce viendrait à combattre. Assez avaient archers et arbalétriers ; mais ils ne voulurent point les laisser tirer ; et la cause était pour la place qui était si étroite qu'il y avait place fors pour les hommes d'armes.[1]

Pendant ce temps notre roi, ayant écouté la messe et rendu louange à Dieu, fit son ordonnance sur la

1. *Chronique de Jean Le Fèvre, seigneur de Saint-Remy, op. cit.*, p. 251.

plaine, non loin de son logis, et forma une seule bataille, faisant de son avant-garde, commandée par le duc d'York, une aile sur sa droite, et de son arrière-garde, à la tête de laquelle se trouvait le seigneur de Camois, une autre aile sur sa gauche. Les groupes d'archers furent mêlés à chaque corps. On leur fit planter des pieux devant eux, comme cela avait été prévu, afin de briser la charge des chevaux. Apprenant cela par des éclaireurs, pour cette raison ou je ne sais quelle ruse, l'ennemi se tint en face de nous, sans s'approcher.

Un long moment du jour se passa en ces préparatifs et les deux armées se tenaient de part et d'autre sans bouger. Voyant que la multitude en face refusait la charge qu'il attendait, le roi se décida à avancer. Auparavant, il avait placé le charroi derrière la bataille, de peur qu'il ne devînt une proie pour l'ennemi ; des prêtres devaient y officier et prier avec ferveur pour lui et ses hommes, dans le village et les vergers de la veille, avec l'ordre d'y attendre la fin du combat ; car les pillards français qui avaient aperçu le charroi, se préparaient à s'en emparer aussitôt la rencontre commencée. De fait, ils s'y précipitèrent par la suite, profitant de la négligence de l'entourage royal, dérobant entre autres le précieux trésor royal, l'épée et la couronne.

Aussitôt que le roi put penser que le bagage se trouvait en sûreté derrière lui, il invoqua le nom de Jésus, devant qui fléchit tout genou au ciel, sur la terre et en enfer, et aussi la glorieuse Vierge Marie

et saint George, et il s'avança vers les ennemis, qui
faisaient de même. Quant à moi qui écris, assis à
cheval au milieu du charroi, à l'arrière de la bataille,
avec les autres prêtres, nous courbions nos âmes
devant Dieu et, nous souvenant de ce que l'Église lit
en ce temps, nous disions en nos cœurs : « *Memento
nostri Domine !* Nos ennemis sont rassemblés et leur
cœur est rempli d'orgueil ! Ébranle leur courage et
disperse-les afin qu'ils sachent que nul ne combat
pour nous, sinon toi, notre Dieu ! »[1]

Les Français, voyant venir les Anglais vers eux,
se mirent en ordonnance, chacun dessous sa bannière, ayant le bassinet en la tête. Le connétable, le
maréchal et les princes admonestaient fort leurs gens
à bien combattre, et hardiment, les Anglais. Quand ce
vint à l'approcher, leurs trompettes et clairons menèrent grand bruit. Les Français commencèrent à incli-
ner le chef, surtout ceux qui n'avaient point de
pavois, pour le trait des Anglais ; lesquels tiraient si
hardiment qu'il n'était nul qui osât les approcher, et
ne s'osaient les Français découvrir, et ainsi allèrent
un petit à l'encontre d'eux et les firent un petit reculer. Mais avant qu'ils pussent aborder ensemble, il y
eut moult de Français blessés et navrés par le trait
des Anglais. Et quand ils furent venus jusqu'à eux,
ils étaient si près serrés l'un de l'autre qu'ils ne pouvaient lever leurs bras pour férir sur leurs ennemis,

1. *Henrici V, Angliae regis, Gesta, op. cit.*, p. 49-51.

sinon aucuns qui étaient au front devant, lesquels les boutaient de leurs lances qu'ils avaient coupées par le milieu pour être plus fortes et plus roides, et afin qu'ils pussent approcher de plus près leurs ennemis.

Les Français avaient fait une ordonnance de 1 000 à 1 200 hommes d'armes, dont la moitié devait aller par la côte d'Agincourt, et l'autre par devers Tramecourt afin de rompre les ailes des archers anglais. Mais quand ce vint à l'approcher, ils n'y trouvèrent que 160 hommes d'armes, lesquels retournèrent parmi l'avant-garde des Français auxquels ils firent de grands empêchements, et les dérompirent et ouvrirent en plusieurs lieux, et les firent reculer en terre nouvellement semée, car leurs chevaux étaient tellement navrés du trait qu'ils ne les pouvaient tenir ni gouverner. Et ainsi par eux, l'avant-garde fut désordonnée et commencèrent à choir hommes d'armes sans nombre. Et lors leurs chevaux se mirent à fuir arrière de leurs ennemis, à l'exemple desquels se partirent et mirent en fuite grande partie des Français.

Et tantôt après, les archers anglais, voyant cette rompture et division en l'avant-garde, tous ensemble issirent hors de leurs pieux, jettèrent jus arcs et flèches, en prenant leurs épées, haches et autres armures et bâtons. Si se boutèrent par les lieux où ils voyaient les romptures. Là abattaient et occisaient les Français, tant que finalement ruèrent jus l'avant-garde qui peu ou néant s'était combattue. Et tant allaient frappant Anglais à dextre et à senestre qu'ils vinrent à la

seconde bataille qui était derrière l'avant-garde. Lors
se férirent dedans et le roi d'Angleterre en personne
avec ses gens d'armes. Lors commença la bataille et
occision moult grande sur les Français qui petite-
ment se défendirent ; car, à cause des gens de cheval, la bataille des Français fut rompue. Lors les
Anglais pressèrent de plus en plus les Français en
dérompant les deux premières batailles, et en plusieurs lieux abattant et occisant cruellement sans merci.
Entre temps, les aucuns se relevèrent par l'aide de
leurs valets qui les menèrent hors de la bataille ; car
les Anglais étaient moult occupés à combattre,
occire et prendre prisonniers. Pourquoi ils ne chassaient ni poursuivaient nullui. Et lors toute l'arrière-
garde, étant encore à cheval, voyant que les deux
premières batailles avaient le dessous, se mirent à
fuir, excepté aucuns de ses chefs et conducteurs.

Lors derechef en poursuivant sa victoire et voyant
ses ennemis déconfits et qu'ils ne pouvaient plus
résister contre lui, ils commencèrent à prendre prisonniers de tous côtés, dont ils crurent être tous riches,
et à la vérité ils l'étaient, car tous étaient grands seigneurs qui étaient à la bataille. Et quand les Français
furent pris, ceux qui les avaient prisonniers les
désarmaient de la tête. Lors leur survint une moult
grande fortune ; car une grande assemblée de l'arrière-
garde, en laquelle il y avait plusieurs Français, Bre-
tons, Gascons, Poitevins et autres qui s'étaient mis
en fuite, avaient avec eux grande foison d'étendards
et enseignes, eux montrant signes de vouloir com-

battre ; et de fait marchèrent en ordonnance. Quand les Anglais les aperçurent ensemble en telle manière, il fut ordonné de par le roi d'Angleterre que chacun tuât son prisonnier. Mais ceux qui les avaient pris ne voulurent pas les tuer, car ils en attendaient grande finance. Lors, quand le roi fut averti que nul ne voulait tuer son prisonnier, il ordonna un gentilhomme avec 200 archers et lui commanda que tous prisonniers fussent tués. Si accomplit cet écuyer le commandement du roi, qui fut moult pitoyable chose. Car, de sang froid, toute cette noblesse française fut là tuée, et découpés têtes et visages, qui était une merveilleuse chose à voir. Cette maudite compagnie de Français, qui ainsi firent meurdrir cette noble chevalerie, quand ils virent que les Anglais étaient prêts à les recevoir et à les combattre, tous se mirent soudain à fuir et à se sauver, sauve qui peut. La plupart se sauvèrent étant à cheval mais parmi ceux qui étaient à pied, plusieurs moururent.

Quand le roi d'Angleterre vit et aperçut clairement qu'il avait obtenu la victoire contre ses adversaires, il remercia Notre Seigneur de bon cœur ; et bien y avait cause car de ses gens ne furent morts sur la place qu'environ 1 600 hommes de tous états, entre lesquels y mourut le duc d'York, son grand oncle, et le comte d'Oxford. Ensuite le roi, se voyant demeuré victorieux sur le champ, et tous les Français départis, sinon ceux qui étaient demeurés prisonniers ou morts sur la place, appela avec lui aucuns princes au champ où la bataille avait été. Quand il eut regardé la place, il demanda comment avait nom le château qu'il voyait assez près de lui ; on lui répondit qu'il avait nom *Agincourt*. Alors le roi d'Angleterre dit : « Pour autant que toutes batailles doivent porter le nom de la prochaine forteresse où elles sont faites, celle-ci, maintenant et perdurablement aura nom : la bataille d'Agincourt. » Puis quand le roi et les princes eurent été là un espace et que nuls Français ne se montraient pour lui porter dommage et quand il vit que sur le champ il avait été bien quatre heures, et aussi voyait qu'il pleuvait et que vèpre approchait, il se tira en son logis de Maisoncelles. Et là, archers ne firent, depuis la déconfiture, que déchausser gens morts et désarmer, sous lesquels trouvèrent plusieurs prisonniers en vie, entre lesquels le duc d'Orléans. Les archers portèrent les harnois des morts en leurs logis par chevalées, et aussi emportèrent les Anglais morts en la bataille.

Quand ce vint au soir, le roi d'Angleterre fut averti et sut que tant de harnois on avait apporté à son logis. Il fit crier en son ost que nul ne se chargeât de plus qu'il n'en fallait pour son corps et qu'on n'était point encore hors des dangers du roi de France. On fit bouillir le corps du duc d'York et celui du comte d'Oxford, afin d'emporter leurs os au royaume d'Angleterre. Lors le roi commanda que tout le harnois qui serait outre et par-dessus ce que ses gens emporteraient, avec les corps d'aucuns Anglais qui étaient morts en la bataille, fussent boutés en une maison ou grange, et là qu'on fît tout ardoir. Ainsi fut fait. Lendemain, qui fut samedi, les Anglais se délogèrent très matin de Maisoncelles, et avec leurs prisonniers, derechef ils avaient sur le champ où avait été la bataille, et ce qu'ils trouvèrent de Français encore en vie, les firent prisonniers ou occire. Le roi s'arrêta sur le champ en regardant les morts, et là était pitoyable chose à voir la grande noblesse qui avait été occise pour leur souverain seigneur, le roi de France. Lesquels étaient déjà tous nus, comme ceux qui naissent de mère. Ces choses faites, le roi d'Angleterre passa outre et prit son chemin vers Calais.[1]

1. *Chronique de Jean Le Fèvre, seigneur de Saint-Remy, op. cit.,* p. 252-261 (extraits).

APPENDICES

Chronologie
de la guerre de Cent ans

1259. Par le traité de Paris, Henri III, roi d'Angleterre, renonce aux provinces que Philippe Auguste a arrachées à son père, Jean sans Terre (Normandie, Anjou, Touraine, Maine et Poitou) ; de plus, en se reconnaissant vassal lige de Louis IX pour tous ses fiefs situés dans le royaume de France, en particulier le duché de Guyenne, il laisse aux rois de France la possibilité d'y intervenir.

1294-1296. Philippe IV le Bel fait conquérir le duché de Guyenne. Édouard Ier, roi d'Angleterre, assiste impuissant à cette annexion puis trouve un allié en la personne de Guy de Dampierre, comte de Flandre.

1296-1307. Édouard Ier tente d'annexer le royaume d'Écosse.

1300. Philippe le Bel fait occuper la Flandre.

1302. Les matines de Bruges : révolte des Flamands contre l'occupation française. La chevalerie française est écrasée par les communes de Flandre devant Courtrai (bataille des Éperons d'or).

1303. La rébellion flamande et les troubles de Bordeaux contraignent Philippe le Bel à reculer : il restitue la Guyenne à Édouard Ier.

1314. Par la victoire de Bannockburn, remportée sur Édouard II, l'Écosse affirme son indépendance.

1314-1317. Pour la première fois dans l'histoire de la dynastie
capétienne, le roi de France (Louis X) meurt sans enfant
mâle. Son fils posthume, Jean, ne vit que quelques
jours. Sa fille, Jeanne, est écartée du trône. La couronne
revient au frère de Louis X, Philippe V. Une assemblée
de notables, convoquée par le nouveau souverain, proclame que « femme ne succède pas au royaume de
France ». Édouard II reconnaît Philippe V.

1322. Mort de Philippe V. Ses filles sont écartées au profit
de son frère Charles IV.

1324. À la suite d'un incident de frontière, rupture entre
Charles IV et Édouard II. Presque toute la Guyenne
est de nouveau occupée par le roi de France.

1327. La Guyenne est restituée à Édouard II. Mort
d'Édouard II : Édouard III, son fils, lui succède.

1328. Charles IV meurt sans enfant mâle : avec lui se termine la lignée des Capétiens directs. Philippe de Valois, son cousin germain, devient roi de France sous le
nom de Philippe VI. Ainsi se trouve écarté Édouard III,
dont la mère, Isabelle, est la sœur du souverain
défunt. À l'appel du comte de Flandre, son vassal,
Philippe VI va châtier les Flamands révoltés : il rem-
porte la victoire de Cassel. À contrecœur, Édouard III
se résigne à prêter hommage pour la Guyenne.

1333-1335. Nouvelle tentative anglaise contre l'Écosse :
Philippe VI s'y oppose. Il souhaite partir pour la croisade, une fois réglés les litiges entre les nations chrétiennes.

1336. La croisade est contremandée. La pression anglaise
contre l'Écosse s'accentue. Philippe VI lui envoie un
faible secours. Édouard III se prépare activement à la
guerre contre la France. Il dénonce publiquement Philippe VI comme usurpateur.

1337. Une lettre de défi envoyée par Édouard III à « Philippe de Valois, qui se dit roi de France », marque la
rupture officielle entre les deux royaumes.

1338. Gand se révolte contre le comte de Flandre. L'instigateur du soulèvement, Jacques van Artevelde, s'allie à Édouard III, qui débarque à Anvers.

1339. Première campagne d'Édouard III en France : la Thiérache est ravagée. Philippe VI, en dépit de sa supériorité numérique, n'ose pas attaquer. Sur les frontières de Guyenne, guerre de siège sans résultat notable.

1340. Tenant sa cour à Gand, Édouard III prend le titre de « roi d'Angleterre et de France ». Dans ses armes, il écartèle les léopards d'Angleterre avec les lys de France. Une nouvelle campagne d'été ne donne guère de résultats sur terre, mais sur mer, la flotte française est écrasée à L'Écluse (Sluys). Incapables de solder plus longtemps leurs troupes, Édouard III et Philippe VI concluent une trêve, qui est prolongée jusqu'en 1345.

1346-1347. Édouard III relance la guerre : il débarque dans le Cotentin, se dirige vers Paris puis remonte vers le Nord. Il est victorieux à Crécy, vient mettre le siège devant Calais, qui se rend après plusieurs mois de résistance. Une tête de pont permanente est ainsi créée, destinée à demeurer anglaise jusqu'en 1558.

1347-1350. Venue d'Orient, la Peste noire ravage l'Europe : en Angleterre et en France, les pertes atteignent entre le huitième et le tiers de la population totale. C'est la plus grande catastrophe démographique de toute l'histoire médiévale. France et Angleterre sont réduites à l'inaction.

1350. Mort de Philippe VI de Valois : Jean II le Bon lui succède.

1354. Charles II dit le Mauvais, roi de Navarre, petit-fils de Louis X, mécontent de Jean le Bon, se déclare contre lui, puis fait sa soumission. Il reçoit une partie du Cotentin.

1355. Chevauchée du Prince Noir, fils d'Édouard III, à travers le Languedoc.

1356. Nouvelles intrigues de Charles de Navarre, qui se lie avec le fils de Jean le Bon, le dauphin Charles. Jean le Bon fait arrêter Charles de Navarre, dont les partisans continuent à tenir la Normandie. Les Anglais lancent deux chevauchées : l'une part de Bretagne sous Henri de Lancastre, l'autre de Guyenne sous le Prince Noir. Toutes deux ont pour objectif la Normandie. Jean le Bon réunit une armée contre le Prince Noir : il est battu et fait prisonnier à la bataille de Poitiers-Maupertuis.

1357. Le dauphin Charles — 18 ans — devient lieutenant du roi puis régent du royaume. Contre sa personne et, plus encore, contre l'administration monarchique, une opposition se dessine, qui, s'efforçant de mettre en tutelle la royauté, réunit les amis du roi de Navarre et la bourgeoisie parisienne, dont le porte-parole est le prévôt des marchands, Étienne Marcel.

1358. Après plusieurs mois de concessions, le dauphin, qui a assisté au massacre de ses familiers, les maréchaux de Champagne et de Normandie, quitte Paris. Étienne Marcel cherche l'appui des paysans révoltés du Beauvaisis, les Jacques. Ils sont écrasés par la noblesse avant qu'il puisse leur porter secours. Isolé, Étienne Marcel perd toute popularité. Il est assassiné. Le dauphin rentre triomphalement dans Paris.

1358-1359. Les tentatives de paix entre la France et l'Angleterre n'aboutissent pas.

1359-1360. Édouard III tente un dernier effort militaire : il traverse le nord du royaume, de Calais à Chartres, mais ne parvient à prendre ni Reims ni Paris. Les préliminaires de paix, arrêtés à Brétigny (Beauce) sont confirmés à Calais : la rançon de Jean II est fixée à 3 millions d'écus ; les cessions territoriales françaises comprennent Calais, Guines, le Ponthieu et tout le sud-ouest aquitain, des Pyrénées à la Loire.

1360-1367. Les dévastations des Compagnies atteignent leur paroxysme, principalement dans la vallée du Rhône, le centre et le midi languedocien.

1364. Jean le Bon meurt à Londres où, après une première libération, il était retourné volontairement, sa rançon restant partiellement impayée. Charles V lui succède. À Cocherel, les Navarrais sont écrasés par Du Guesclin, chef de bande breton au service du roi de France.

1368. L'administration rigoureuse du Prince Noir en Aquitaine mécontente les nobles gascons : ils n'acceptent pas de voir lever des impôts sur leurs terres. Charles V hésite, puis accepte de recevoir leurs appels au parlement de Paris. Il considère ainsi l'Aquitaine comme un fief dont il est le seigneur et le justicier suprême.

1369-1373. Charles V prend l'initiative de la rupture. La guerre lui est favorable. Sous le duc d'Anjou et Du Guesclin, devenu connétable de France, les troupes du roi reprennent le Poitou, la Saintonge, l'Angoumois, le Limousin, l'Agenais, le Périgord et le Quercy. Du côté anglais, les chevauchées du duc de Lancastre et de Robert Knolles sont sans résultat militaire.

1369-1380. L'impôt permanent s'établit progressivement en France, sous la forme d'une gabelle sur le sel, de taxes indirectes et d'impôts directs levés sur chaque feu : les fouages.

1375-1377. Des trêves sont conclues entre la France et l'Angleterre, sans qu'on parvienne à la paix.

1377. Apogée du redressement français et du règne de Charles V. Édouard III meurt : minorité de son petit-fils, Richard II.

1378. Les Français ne parviennent pas à prendre Bordeaux. Dans un dernier accès de révolte, Charles de Navarre cède Cherbourg à l'Angleterre.

1380. Chevauchée de Buckingham à travers la France. Mort de Du Guesclin. Avant de mourir, Charles V abolit les fouages, privant de ressources la monarchie. Minorité de son fils, Charles VI : le pouvoir appartient aux oncles du jeune roi, les ducs Jean de Berri, Louis d'Anjou et surtout Philippe de Bourgogne.

1381. Soulèvement des paysans, contre leurs seigneurs et contre la fiscalité royale, dans le sud-est de l'Angleterre.

1382. Émeutes anti-fiscales en France, quand la monarchie essaye de rétablir les impôts. L'armée française, sous Philippe de Bourgogne, écrase les Gantois à Roosebeke.

1383-1388. La guerre s'éternise entre la France et l'Angleterre ; débarquement anglais en Flandre, puis expédition maritime française, enfin grand projet de débarquement français en Angleterre.

1388. Charles VI enlève le pouvoir à ses oncles.

1389. Les trêves de Leulinghen interrompent le duel franco-anglais. De prolongation en prolongation, elles arrêtent toute opération importante jusqu'en 1404.

1392. Premier accès de folie de Charles VI.

1396. Le mariage de Richard II et d'Isabelle de France, fille de Charles VI, souligne le rapprochement franco-anglais. Les deux souverains se rencontrent, sans que pour autant on puisse parvenir à la paix.

1399. Richard II est renversé par Henri de Lancastre ; ce dernier se proclame roi sous le nom d'Henri IV. C'est la fin des tentatives de pacification entre les deux royaumes.

1400-1409. Henri IV, qui a pris le pouvoir en promettant à la noblesse anglaise la reprise de la guerre, est contraint de consacrer toutes ses forces à la pacification du pays de Galles.

1405. Profitant de la situation, les Français reprennent l'offensive en direction de Bordeaux.

1407. Louis d'Orléans, frère de Charles VI, à la tête de l'armée française, ne parvient pas à s'emparer de

Blaye. La rivalité ne cesse de croître entre Louis d'Orléans et Jean sans Peur, son cousin germain, duc de Bourgogne depuis la mort de Philippe le Hardi, en 1404. Jean sans Peur fait assassiner Louis d'Orléans à Paris, rue Barbette. C'est le début de la guerre civile qui oppose les partisans du duc de Bourgogne, ou Bourguignons, aux partisans du duc d'Orléans, appelés les Armagnacs depuis qu'en 1410 le fils de Louis, Charles d'Orléans, a épousé la fille de Bernard VII, comte d'Armagnac. Les deux factions se disputent les places, les ressources du royaume, la personne même du roi. Pour triompher, ils n'hésitent pas à faire appel au roi d'Angleterre.

1411. À l'appel de Jean sans Peur, une chevauchée anglaise — la première depuis 30 ans — atteint la région parisienne.

1412. À l'appel des Armagnacs, une nouvelle chevauchée anglaise traverse l'ouest du royaume, du Cotentin au Poitou. Jean sans Peur domine Paris, avec l'appui de l'Université et de la remuante corporation des bouchers dirigée par Simon Caboche.

1413. Sous la pression de l'émeute, une grande ordonnance réformatrice est promulguée : l'ordonnance cabochienne. Les troubles persistants inquiètent la bourgeoisie parisienne, qui se rapproche des Armagnacs. Jean sans Peur quitte Paris.

1414. Le nouveau roi d'Angleterre, Henri V, reprend à son compte les ambitions d'Édouard III : soit par la négociation, soit par la guerre, il entend obtenir, à défaut du titre royal, une partie du royaume de France. Des conversations ont lieu à ce sujet à Paris, qui n'aboutissent pas.

1415. Henri V décide de lancer une première expédition en France : sa chevauchée se termine par la victoire d'Azincourt, sans résultat politique immédiat.

1417. L'inaction du clan des Armagnacs, toujours au pouvoir, incite Henri V à élargir ses projets : il débarque en Normandie et en entreprend la conquête méthodique. À Paris, les Armagnacs ne s'imposent que par la terreur. Jean sans Peur et Isabeau de Bavière installent à Troyes un gouvernement rival de celui du dauphin, le futur Charles VII.

1418. Paris chasse les Armagnacs et accueille Jean sans Peur en libérateur. Le dauphin se retire au sud de la Loire.

1419. Pour une ultime tentative de conciliation, une entrevue a lieu entre Jean sans Peur et le dauphin à Montereau. Jean sans Peur y est assassiné par le breton Tanguy du Châtel. Philippe le Bon succède à Jean sans Peur comme duc de Bourgogne, et décide de s'allier à Henri V contre le dauphin.

1420. Le traité de Troyes est le résultat de cette alliance : Henri V doit épouser la fille de Charles VI et devenir roi de France, après la mort de son beau-père. En attendant, il conserve la Normandie à titre d'apanage et exerce en fait la régence du royaume.

1422. Henri V meurt prématurément, suivi par son beau-père. Il y a désormais deux rois de France : le fils d'Henri V, Henri VI, et Charles VII.

1422-1428. La guerre continue entre Charles VII, maître du midi et du centre de la France, et le duc de Bedford, régent du royaume pendant la minorité d'Henri VI. Fort de l'appui bourguignon, Bedford ne cesse d'étendre sa domination.

1429. L'intervention de Jeanne d'Arc sauve Orléans assiégée par les Anglais. Charles VII est couronné et sacré à Reims.

1435. Le traité d'Arras marque la réconciliation entre Charles VII et Philippe le Bon : le roi désavoue le crime de Montereau et cède un certain nombre de terres et de villes au duc de Bourgogne. La reconquête de la France s'accélère.

1436. Paris est repris aux Anglais.

1444-1449. Des trêves sont conclues à Tours entre la France et l'Angleterre.

1449-1453. Rupture des trêves de Tours : Charles VII reconquiert la Normandie et la Guyenne. Seule la ville de Calais reste anglaise. Bien qu'aucun traité n'ait marqué sa fin, il est loisible d'assigner le terme de 1453 à ce qu'il est convenu d'appeler la guerre de Cent ans : si à plusieurs reprises, jusqu'en 1475, les Anglais menacent de conquérir la France, ce ne sont, en fait, que des velléités. Le grand péril pour la monarchie française vient désormais des ducs de Bourgogne.

Anglais et Français : généalogie des dynasties rivales

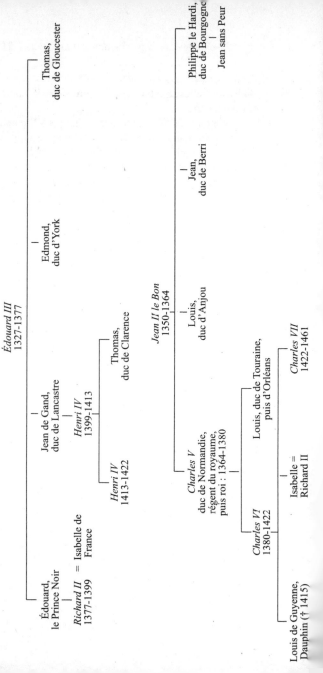

Note sur les monnaies

On trouve dans les textes réunis ici les deux types de monnaie qu'a connus le Moyen Âge : la monnaie de compte et la monnaie réelle. Les rapports entre les deux monnaies se modifient au gré des mutations monétaires décidées par les pouvoirs publics.

Monnaies de compte :

a) le système tournois, le plus courant en France, comprenant :
— le denier tournois (d. t.) ;
— le sou tournois (s. t.), valant 12 d. t. ;
— la livre tournois (l. t.), valant 20 s. t. ;
b) le système parisis, comprenant :
— le denier parisis (d. p.) ;
— le sou parisis (s. p.), valant 12 d. p. ;
— la livre parisis (l. p.), valant 20 s. p.
Le système parisis est d'un quart plus fort que le système tournois : 8 d. p. = 10 d. t.
c) le système sterling, employé en Angleterre, comprenant :
— le penny sterling (d. st.) ;
— le shilling sterling (s. st.), valant 12 d. st. ;
— la livre sterling (l. st.), valant 20 s. st.

Les rapports entre le système tournois et le système sterling varient en fonction des mutations monétaires décidées respectivement par le roi de France et le roi d'Angleterre ; en moyenne 6 d. t. valent 1 d. st.

Monnaies réelles :

— le franc d'or, créé en 1360 : il vaut 20 s. t. et a un poids de 3,88 g. d'or pur ;
— l'écu à la couronne qui, à la fin du XIVe siècle, vaut 22 s. 6 d. t. et contient 3,99 g. d'or ;
— le florin, frappé à Florence pour la première fois en 1252 et imité ensuite par de nombreux pays, contient en moyenne 3,50 g. d'or ;
— le penny d'argent, à la fois monnaie de compte et monnaie réelle. Il vaut donc toujours le 240e de la l. st. mais contient une quantité variable d'argent : en 1351, 18 grains ; en 1412, 15 grains (1 grain = 0,064 g.).
La pratique des mutations monétaires aboutit à ce que, à une même unité de compte, corresponde un poids réel variable de métal. Ainsi, en 1361, une livre tournois vaut 44,64 g. d'argent ou 3,88 g. d'or ; en 1380, respectivement 39 g. et 3,82 g. La fin du XIVe siècle et les premières années du XVe siècle correspondent d'ailleurs, en France comme en Angleterre, à une période de relative stabilité monétaire.

Enfin, on trouve ici deux sortes de marcs :
— l'un, français, correspond à un poids compris entre 215 g. et 244 g., selon le type régional utilisé comme étalon ;
— l'autre, anglais, valant les 2/3 de la l. st.

Glossaire

ABUTINER (S') : s'associer entre combattants en vue d'un butin éventuel.

AFFOLÉ : meurtri.

AGUET APENSÉ : guet-apens.

AIDES : ensemble des contributions financières exigées par le roi de France de ses sujets.

AIGUILLETTE : cordon servant à attacher deux pièces de vêtement.

APANAGE : portion du domaine royal que le roi de France cède à ses fils cadets afin d'assurer leur pain ou subsistance.

APAROIR : apparaître.

APERTEMENT : d'une manière manifeste.

APPARAUX : préparatifs.

ARCHEGAIE : javelot.

AROUTER (S') : se mettre en route.

ARRIÈRE-FIEF : fief mouvant d'un autre fief.

ARROI : équipement ; ordre de bataille.

ARDOIR, ARDRE, ARS : brûler ; brûlé.

AVANT-BRAS : pièce de l'armure en forme de gouttière protégeant l'avant-bras.

BACHELIER (CHEVALIER) : dans les montres et comptes des XIVe et XVe siècles, chevalier simple, par opposition au chevalier banneret.

BANNERET (CHEVALIER) : chevalier ayant assez de vassaux (de 25 à 50 environ) pour avoir le droit de lever la bannière sous laquelle il les conduira à la guerre.

BANNIÈRE : étendard de forme carrée, qui est le signe du chevalier banneret ; s'oppose au pennon triangulaire du chevalier simple ; par extension, groupe d'hommes d'armes combattant sous une même bannière.

BAILLIAGE : circonscription administrative que le roi de France confie à un de ses agents, le bailli. Dans le midi de la France, on parle de sénéchaussée et de sénéchal.

BARBACANE : ouvrage avancé d'un système de fortification.

BASSINET : casque enveloppant la tête.

BATAILLE : au combat, grande formation de cavalerie.

BAVIÈRE : pièce de l'armure s'attachant à la cuirasse, et destinée à protéger le bas du visage.

BERMAN : portefaix.

BILLETTES : lettres de sauf-conduit.

BOULEVARD : synonyme de barbacane.

BOUTER : mettre.

BRACONNERIE : pièce de l'armure protégeant les hanches et les cuisses.

BRETÈCHE : logette de pierre ou de charpente, en encorbellement, servant à défendre une porte, une muraille.

CAMAIL : sorte de capuchon ou pèlerine de mailles protégeant le cou et les épaules.

CASSEMENT : licenciement d'une compagnie qui, dès lors, n'est plus soldée.

CAUDETRAPE, CHAUSSETRAPE : étoile de fer à plusieurs pointes destinée à entraver la progression des chevaux ennemis.

CENDAL : étoffe de soie.

CENS : forme de redevance seigneuriale.

CERVELIÈRE : calotte de fer protégeant la tête, en usage chez les gens de pied.

CHANCELIER DE FRANCE : l'un des grands officiers de la couronne qui, à la tête de la Chancellerie, dirige le service de la correspondance politique et administrative du roi.

CHEVANCE : moyens de vivre ; ce dont on dispose.

COLÉE : coup donné sur le col.

CONNÉTABLE DE FRANCE : grand officier de la couronne qui a droit de regard sur tous les problèmes de la guerre. Chef de l'armée, en l'absence du roi et de tout lieutenant désigné par le roi.

COURTINE : muraille réunissant les tours.

COUSTEPOINTE : sorte de torture.

COUSTILLE : épée courte et large, à pointe aiguë.

CRANEQUIN : appareil destiné à tendre l'arbalète ; par extension, arbalète à cranequin.

CROQUEPOIS : masse dont le gros bout est terminé par un dard et souvent hérissé de pointes de fer.

CRU : rude.

CUISSOTS : pièce de l'armure protégeant les cuisses.

DÉDUIT : divertissement, plaisir.

DÉFI, DÉFIANCE : forme rituelle de la déclaration de guerre.

DEMAINE : pouvoir.

DESTOUPER : déboucher.

DOLER : amincir ou aplanir avec une doloire.

DONDAINE : trait d'arbalète.

DROITURIER : conforme au droit.

ÉCHAUGUETTE : tourelle placée en encorbellement à l'angle d'une tour ou d'une courtine.

ÉCHELLER : prendre une place d'assaut au moyen d'échelles.

ESCHIFFE : synonyme d'échauguette.

ESPAPHUS, ESPAFUT : pique ; grande épée tenue à deux mains.

ESTACE ou ESTACHE : poteau.

ESTAGE : ici, redevance que doit verser au capitaine d'une forteresse celui qui s'y est réfugié avec ses biens.

ESTIVAL : bottine faite de cuir et d'étoffe.

ESTRAINTE : vêtement d'un homme serrant la taille.

ESTRAITURE : extraction.

ETANÇON : pièce de bois soutenant un terrain miné.

ÉTAT : position sociale ; par extension, somme que le roi verse aux capitaines et chefs de guerre pour qu'ils puissent soutenir leur état.

ÉTOFFÉ : équipé.

EXOINE : excuse.

FAUDES : pièce de l'armure protégeant la partie du corps comprise entre les hanches et les genoux.

FÉAL, FÉAUTÉ : fidèle ; fidélité.

FÉRIR : frapper.

FAUSSART, FAUCHARD : arme composée d'une hampe en bois et d'un fer aigu au tranchant généralement convexe.

FIEF : bien concédé par un seigneur à son vassal sous condition de foi et hommage et assujetti à certains services et redevances. Le fieffé est le possesseur du fief.

FLÉAU D'ARMES : arme composée d'une hampe et d'une ou plusieurs chaînes terminées par des boules à pointe ou des lingots de fer.

FOI ET HOMMAGE : cérémonie rituelle par laquelle un homme devient vassal d'un autre homme, son seigneur.

FOUAGE : impôt levé sur les feux ou foyers.

GALANDIS : construction défensive.

GARDE-BRAS : pièce de l'armure protégeant le haut du bras, de l'épaule au coude.

GÉNÉRAUX CONSEILLERS DES FINANCES : personnages placés par le roi à la tête de l'administration des finances.

GIPPON : pourpoint ou plastron fait d'étoffe rembourrée.

GORGERIN, GORGIÈRE : pièce de mailles protégeant la gorge.

GRÉSILLONS : instrument de torture.

GRÈVES : pièce de l'armure protégeant la partie de la jambe allant du genou au cou-de-pied.

HARDILLON : crochet.

HARÉIER : exciter les chiens ; harceler.

HART : corde pour la pendaison.

HAUCEPIED, HAUSSEPIED : appareil à pédale faisant levier destiné à tendre la grosse arbalète de siège.

HAVIAUX : pioche.

HEU : mesure de capacité.

HOMMAGE : voir FOI ET HOMMAGE.

HOMME : parfois, celui qui a prêté l'hommage, le vassal.

HOUSEAU, HEUSE : botte de cuir servant surtout pour monter à cheval.

HUCHER : appeler avec des cris.

HUQUE : casaque sans manches, vêtement flottant porté par-dessus l'armure.

HUTIN : lutte, mêlée.

INEAUX : rapides.

ISSIR : sortir.

JAZERAN : cotte de mailles.

JUS (RUER) : mettre à terre.

LANGUE D'OIL (PAYS DE) : portion du royaume de France où l'on prononce oïl ou oui ; circonscription financière et politique, s'opposant au pays de langue d'oc.

MAILLE : petite monnaie de cuivre.

MAÎTRE DES ARBALÉTRIERS DE FRANCE : personnage que le roi a chargé de veiller au recrutement et à l'organisation des arbalétriers.

MALE : mauvaise.

MANDEMENT : ordre venant d'un personnage ayant autorité et juridiction ; territoire dépendant d'une autorité donnée.

MARCHE : région.

MARÉCHAL DE FRANCE : les deux maréchaux de France sont des grands officiers de la couronne dont la fonction essentielle est de passer la montre des gens d'armes retenus aux gages du roi.

MONTRE : revue de gens d'armes.

NAGER : ramer.

NAVRER : blesser.

NUEMENT : immédiatement, sans intermédiaire.

ORD : sale.

OST : armée.

PARAGE : haute naissance.

PATIS : redevance versée, après accord, par les habitants d'une région à un groupe de gens de guerre qui, en échange, s'engagent à l'épargner.

PAVESIER, PAVOISIER : homme de pied protégé par un pavois.

PAVOIS : grand bouclier.

PENNON : voir BANNIÈRE.

PENONCEL : petit étendard.

PIED : mesure de longueur (environ 30 centimètres). Retailler une lance au volume de 5 pieds : la couper en deux pour obtenir une demi-lance, d'environ 1 mètre 50.

PLANÇON, PLANCHON : pique de combat.

PLATES : voir l'explication de ce mot p. 83.

POULAIN : partie de l'armure protégeant le genou.

POURVÉANCE : provision.

PRÉVÔT DES MARÉCHAUX DE FRANCE : personnage commis par les maréchaux de France à l'exercice de leur juridiction.

PRODITION : trahison.

RASIÈRE : ancienne mesure de capacité.

RECEPT : forteresse.

RESCOUX, NON RESCOUX : repris à l'ennemi ou non.

RIOTER : se quereller, se battre.

ROBERIE : pillage.

ROMÉNIE (BOIS DE) : bois d'if.

SALADE : casque presque sphérique, d'origine italienne.

SÉNÉCHAL, SÉNÉCHAUSSÉE : voir BAILLIAGE.

SOLAS : divertissement.

SOLERET : lames de fer ou d'acier articulées protégeant le pied.

SOUILLART : valet ; souillon.

SURCUIDANCE : outrecuidance.

TAILLE : impôt.

TERRAIL : remblai.

TILLOLE : appareil destiné à tendre l'arbalète.

TRONCHE : grosse souche de bois.

VASSAL : homme lié à un seigneur par le lien d'hommage.

VASSAL LIGE : vassal lié par une forme d'hommage qui l'emporte sur tous les autres.

VASSELAGE : vaillance, prouesse.

VILTANCE : vilénie, déshonneur.

Sources et bibliographie

RÉFÉRENCE AUX SOURCES

Quelle que soit leur langue originale (dialectes français de langue d'oïl ou de langue d'oc, français utilisé à la cour d'Angleterre, anglais ou latin), tous les documents ont été transcrits en français moderne. Cependant on s'est efforcé, en respectant la construction de la phrase et en conservant un minimum de termes d'époque, dont le sens est fourni par le glossaire, de conserver à ces textes leur caractère d'époque ; effort indispensable, surtout quand les sources ont, comme c'est le cas pour Froissart, une véritable valeur littéraire.

BIBLIOGRAPHIE

BONET [BOUVET], Honoré, *L'Arbre des batailles*, éd. Ernest Nys, Bruxelles, C. Muquardt, 1883.
BOUTRUCHE, Robert, *La Crise d'une société. Seigneurs et paysans du Bordelais pendant la guerre de Cent ans*, Paris, Les Belles lettres, coll. Publications de la Faculté des Lettres de l'Université de Strasbourg, 1947 ; nouv. éd. 1963.

CHEVALIER, Ulysse, *Recueil de documents concernant le Dauphiné*, dans *Mémoires publiés par la Société de statistique de l'Isère*, t. VI, 1874.

Choix de pièces inédites relatives au règne de Charles VI, éd. Louis-Claude Douët d'Arcq, 2 vol., Paris, Renouard, 1873-1874.

Chronique rimée de Bertrand Du Guesclin par Cuvelier, trouvère du XIVᵉ siècle, éd. Ernest Charrière, Paris, Firmin Didot, 1839.

Chronique de Jean Le Fèvre, seigneur de Saint-Remy, publiée pour la Société de l'Histoire de France par François Morand, 2 vol., Paris, Renouard, 1876-1881.

Chronique du Religieux de Saint-Denis, contenant le règne de Charles VI, de 1380 à 1422, éd. et trad. Louis Bellaguet, introduction de Prosper de Barante, 6 vol., Paris, Crapelet, 1839-1852.

Le Compte du Clos des galées de Rouen au XIVᵉ siècle (1382-1384), recueilli par René Le Bourdellès, publié et annoté par Charles Bréard, Rouen, E. Cagniard, 1893.

DESCHAMPS, Eustache, *Poésies morales et historiques*, éd. Georges-Adrien Crapelet, Paris, Crapelet, 1832.

FFOULKES, Charles, *The Armourer and his Craft. From the XIᵗʰ to the XVIᵗʰ Century*, Londres, Methuen, 1912 ; reprint Forgotten Books, 2012.

FROISSART, Jean, *Chroniques*, éd. Joseph Kervyn de Lettenhove, 25 vol., Bruxelles, Victor Devaux, 1867-1877.

GARNIER, Joseph, *L'Artillerie de la ville de Dijon d'après les documents conservés dans ses archives*, Dijon, E. Jobard, 1863.

GAY, Victor et STEIN, Henri, *Glossaire archéologique du Moyen Âge et de la Renaissance*, I. *A-Guy*, II. *H-Z*, Paris, A. Picard, 1887.

GUÉRIN, Paul, *Recueil des documents concernant le Poitou contenus dans les registres de la Chancellerie de France*, Archives historiques du Poitou, t. XIX, Poitiers, Henri Oudin, 1888, p. 71-74.

GUIGUE, Georges, *Les Tard-Venus en Lyonnais, Forez et Beaujolais, 1356-1369*, Lyon, Vitte et Perrussel, 1886.

HELLOT, Amédée, *Récit du siège d'Harfleur en 1415, par un témoin oculaire*, Rouen, C. Métérie, 1881.

Henrici V, Angliae regis, Gesta, éd. Benjamin Williams, Londres, English Historical Society Publications, 1850.

HUIZINGA, Johan, *Le Déclin du Moyen Âge* [*Herfsttij der Middeleeuwen*], trad. fr. Julia Bastin, préface de Gabriel Hanotaux, Paris, Payot, coll. Bibliothèque historique, 1932, rééd. coll. Petite bibliothèque Payot, 1967 ; *L'Automne du Moyen Âge* [*Herfsttij der Middeleeuwen*], trad. fr. Julia Bastin, nouvelle édition précédée d'un entretien avec Jacques Le Goff, Paris, Payot, coll. Le Regard de l'histoire, 1975, rééd. coll. Petite bibliothèque Payot, 2002.

LABROUE, Émile, *Le Livre de vie. Les seigneurs et les capitaines du Périgord blanc au XIVe siècle*, Bordeaux, G. Gounouilhou, 1891 ; reprint Éditions du Roc de Bourzac, 1991.

LESPINASSE, René de, *Les Métiers et corporations de la ville de Paris, XIVe-XVIIIe siècles*, Paris, Imprimerie Nationale, 3 vol., 1886-1897.

LOT, Ferdinand, *L'Art militaire et les armées au Moyen Âge en Europe et dans le Proche-Orient*, 2 vol., Paris, Payot, coll. Bibliothèque historique, 1946.

Mandements et actes divers de Charles V (1364-1380) recueillis dans les collections de la Bibliothèque nationale, éd. Léopold Delisle, Paris, Imprimerie nationale, 1874.

MÉNARD, Léon, *Histoire civile, ecclésiastique, et littéraire de la ville de Nîmes*, 7 vol., Nîmes, Clavel-Ballivet, 1873-1875 ; reprint Éditions Lacour, 1988-1989.

MIROT, Léon, « Instructions pour la défense du duché de Bourgogne contre les Grandes Compagnies (1367) », *Annales de Bourgogne*, XIV, décembre 1942, p. 308-311.

MORICE, Dom Pierre-Hyacinthe, *Mémoires pour servir de preuves à l'Histoire ecclésiastique et civile de Bretagne*, 3 vol., Paris, Charles Osmont, 1742-1746.

NICOLAS, Sir Harris, *History of the Battle of Agincourt and of the Expedition of Henry the Fifth into France in 1415, to which is added the Roll of the Men at Arms in the English Army*, Londres, Johnson, 1832 ; reprint Frederick Muller, 1971.

Ordonnances des rois de France. Cinquième volume contenant les Ordonnances de Charles V, données depuis le commencement de l'année 1367 jusqu'à la fin de l'année 1373, éd. Denis-François Secousse, Paris, Imprimerie royale, 1736.

PERROY, Édouard, *La Guerre de Cent ans*, Paris, Gallimard, coll. La Suite des temps, 1945 ; rééd. 1976.

PETIT, Ernest, *Le Maréchal de Noyers, porte-oriflamme, grand bouteillier de France, 1291-1350*, Auxerre, Gustave Perriquet, 1874.

POCQUET DU HAUT-JUSSÉ, Barthélemy Amédée, *La France gouvernée par Jean sans Peur. Les Dépenses du receveur général du royaume*, Paris, Presses universitaires de France, 1959 (Mémoires et documents publiés par la Société de l'École des Chartes, t. XIII).

Registre criminel du Châtelet de Paris du 6 septembre 1389 au 18 mai 1392, éd. Henri Duplès-Agier, 2 vol., Paris, Charles Lahure, 1861-1864.

RYMER, Thomas, *Foedera, conventiones, literae, et cujuscunque generis acta publica inter reges Angliae, et alios quosvis imperatores*, 20 vol., Londres, J. Tonson, 1727-1735.

TIMBAL, Pierre-Clément *et al.*, *La guerre de Cent ans vue à travers les registres du Parlement (1337-1369)*, Paris, Centre national de la recherche scientifique, 1961.

La Société de l'Histoire de France a publié un grand nombre de chroniques intéressant l'histoire de la guerre de Cent ans. Elle n'a pas formellement renoncé à achever la publication des *Chroniques* de Froissart (Paris, Vve Jules Renouard, puis Honoré Champion, puis Charles Klincksieck, 1869-1975), commencée par Siméon Luce en 1869 et poursuivie par Gaston Raynaud, Léon Mirot et Albert Mirot :

Tome I, vol. 1 et 2. *1307-1340* (depuis l'avènement d'Édouard II jusqu'au siège de Tournay), 1869.

Tome II. *1340-1342* (depuis les préliminaires du siège de Tournay jusqu'au voyage de la comtesse de Montfort en Angleterre), 1870.

Tome III. *1342-1346* (depuis la trève entre Jeanne de Montfort et Charles de Blois jusqu'au siège de Calais), 1872.

Tome IV. *1346-1356* (depuis le siège de Calais jusqu'à la prise de Breteuil et aux préliminaires de la bataille de Poitiers), 1873.

Tome V. *1356-1360* (depuis les préliminaires de la bataille de Poitiers jusqu'à l'expédition d'Édouard III en Champagne et dans l'île de France), 1874.

Tome VI. *1360-1366* (depuis les préliminaires du traité de Brétigny jusqu'aux préparatifs de l'expédition du Prince de Galles en Espagne), 1876.

Tome VII. *1367-1370* (depuis l'expédition du Prince de Galles en Espagne jusqu'à la nomination de Du Guesclin à la charge de connétable de France), 1878.

Tome VIII. *1370-1377* (depuis le combat de Pontvallain jusqu'à la prise d'Ardres et d'Audruicq) : I. Sommaire et commentaire critique, par Siméon Luce. II. Textes et variantes, par Gaston Raynaud, 1888.

Tome IX. *1377-1380* (depuis la prise de Bergerac jusqu'à la mort de Charles V), éd. Gaston Raynaud, 1894.

Tome X. *1380-1382* (depuis l'avènement de Charles VI jusqu'au commencement de la campagne de Flandre), éd. Gaston Raynaud, 1897.

Tome XI. *1382-1385* (depuis la bataille de Roosebeke jusqu'à la paix de Tournai), éd. Gaston Raynaud, 1899.
Tome XII. *1386*, éd. Léon Mirot, 1931.
Tome XIII. *1386-1387*, éd. Léon et Albert Mirot, 1957.
Tome XIV. *1386-1388*, éd. Albert Mirot, 1966.
Tome XV. *1387-1389*, éd. Albert Mirot, 1975.

Index des noms

GALEHAUT DE RIBEMONT : 53-55.

GALHARD DE BESSEUX (sénéchal de Rouergue) : 74.

GALHARD DE WIBARC (bourgeois de Rodez) : 74.

GAUBERT (compagnon de Pierre Pèlerin) : 125, 129.

GAUTIER VI DE BRIENNE (duc d'Athènes, connétable de France ; 1302-1356) : 40.

GAUTIER HOUEL (maçon) : 98.

GEOFFROY DE CHARNY (vers 1300-1356) : 36, 41-42, 104-105, 107-108.

GEOFFROY FERET : 92.

GEORGE LE MARCHAND : 134.

GÉRAUT DU SEEL (écuyer, oncle de Mérigot Marchès) : 68-69.

GILLES (artilleur) : 94.

GILLES LE FOULON (secrétaire du duc de Bourgogne) : 102.

GILLES DE ROME (1247-1316) : 189, 192-193.

GIRART DE LA HAYE (examinateur au Châtelet) : 66.

GLOUCESTER : voir Thomas de Woodstock.

GODEFROY DE LA FOSSE : 92.

GOUFFIER HÉLIAS (chevalier) : 68.

GRANDPRÉ, comte de : 151.

GUICHARD D'ANGLES : 40.

GUILLAUME DE BAUGIS (chasublier) : 97.

GUILLAUME BOICEL : 157.

GUILLAUME DES BORDES : 157.

GUILLAUME COCHETART (notaire à Saint-Pierre-le-Moutier) : 66.

GUILLAUME DE FOUCART : 167.

GUILLAUME GORDANT : 124.

GUILLAUME LE BOUTEILLER (sénéchal de Limousin) : 66, 72.

GUILLAUME LE LANVEDIN : 95.

GUILLAUME LE MAÇON : 95.

GUILLAUME LENGLOIS, dit Billart (estrayeur) : 91.

GUILLAUME LE TUR (président au Parlement) : 116.

GUILLAUME POREL (conseiller au Parlement) : 66.

LA ROCHELLE, SAINT-NICOLAS BI-BTQ
LA ROCHELLE, Tours
17000 LA ROCHELLE

GALLIMARD FOLIO F1	1	9.20	9.20

TOTAL T.T.C. A PAYER : 9.20

RECU ESP (EUR) : 9.20

Total H.T. :	8.72
Total T.V.A. :	0.48
Total T.T.C. :	9.20

entilation T.V.A.	Mtt HT	Mtt TVA	Mtt TTC
aux de 5.50%	8.72	0.48	9.20

LE CENTRE DES MONUMENTS NATIONAUX
EST HEUREUX DE VOUS ACCUEILLIR.
NOUS VOUS REMERCIONS DE VOTRE VISITE.
ES ARTICLES NE SONT NI REPRIS NI ECHANGES

aissier(e): LETE   Vente: C341V0120454
     Samedi 18/06/2016   10:48

TOTAL TICKET

REÇU EDF (EUR) :

Total H.T. :
Total T.V.A. :
Total T.T.C. :

MUSSIDAN, seigneur de : 147.

NICOLAS BOULLARD (marchand) : 101.
NORMANDIE, duc de : voir Charles V.

ODIN MALAISÉ : 151.
OLIVIER V DE CLISSON (1336-1407) : 169, 171, 177-178.
OLIVIER LE MOINE (écuyer, capitaine de Lesneven) : 165-166.
OLIVIER DE MAUNY (chambellan) : 164.
ORANGE : voir Louis II de Chalon.
ORLÉANS : voir Charles Ier ; Louis Ier ; Philippe d'Orléans.
ORSO ORSINI, duc d'Ascoli (mort en 1479) : 28.
OSTREHEM LE FUSELIER (estrayeur) : 91.

PASSINS, seigneur de : 125, 129.
PERROT DE VERNUYL : 167.
PERROY, Édouard : 182.
PERRUCE (de la montre d'Étienne Maynart) : 167.
PHILIPPE II Auguste (1165-1223) : 207.
PHILIPPE IV le Bel (1268-1314) : 207.
PHILIPPE V le Long (vers 1292-1322) : 208.
PHILIPPE V, filles de : voir Jeanne de France ; Marguerite de
    France ; Isabelle de France.
PHILIPPE VI (Philippe de Valois ; 1293-1350) : 31, 169, 208,
    209.
PHILIPPE Ier, duc DE BOURGOGNE (1346-1361) : 60.
PHILIPPE II le Hardi, duc DE BOURGOGNE (4e fils de Jean le
    Bon, oncle de Charles VI ; 1342-1404) : 35, 41, 43, 47,
    49, 140, 143, 169, 177, 179-181, 212, 213.
PHILIPPE III le Bon, duc DE BOURGOGNE (fils de Jean sans
    Peur ; 1396-1467) : 214.
PHILIPPE, duc D'ORLÉANS (frère de Jean le Bon ; 1336-1375) :
    36, 41.
PICOT DU COUDERT (clerc du sire de Mussidan) : 147.
PIERRE BAUCHER (écuyer) : 155.
PIERRE LE BÉARNAIS (capitaine de Chalucet) : 69-70.

APPENDICES

DU MÊME AUTEUR

LA GUERRE DE CENT ANS, Presses universitaires de France, 1968 ; 9ᵉ éd. mise à jour 2010.

LA GUERRE AU MOYEN ÂGE, Presses universitaires de France, 1980 ; 6ᵉ éd. 2003.

LA FRANCE AUX XIVᵉ ET XVᵉ SIÈCLES. Hommes, mentalités, guerre et paix, Variorum Reprints, 1981.

DES POUVOIRS EN FRANCE. 1300-1500, Presses de l'École normale supérieure, 1992.

HISTOIRE MILITAIRE DE LA FRANCE. I. DES ORIGINES À 1715 (dir.), Presses universitaires de France, 1992.

L'ÉCONOMIE MÉDIÉVALE (avec Marc Bompaire, Stéphane Lebecq et Jean-Luc Sarrazin), Armand Colin, 1993 ; 3ᵉ éd. 2003.

AU TEMPS DE LA GUERRE DE CENT ANS. France et Angleterre, Hachette, 1994.

DE JEANNE D'ARC AUX GUERRES D'ITALIE. Figures, images et problèmes du XVᵉ siècle, Paradigme, 1994.

LA NOBLESSE AU ROYAUME DE FRANCE, DE PHILIPPE LE BEL À LOUIS XII. Essai de synthèse, Presses universitaires de France, 1997 ; 2ᵉ éd. 1998.

GUERRE ET CONCURRENCE ENTRE LES ÉTATS EUROPÉENS DU XIVᵉ AU XVIIIᵉ SIÈCLE (dir.), Presses universitaires de France, 1998.

AUTOUR DE MARGUERITE D'ÉCOSSE. Reines, princesses et dames du XVᵉ siècle (dir. avec Geneviève Contamine), Honoré Champion, 1999.

HISTOIRE DE LA FRANCE POLITIQUE. I. LE MOYEN ÂGE. Le roi, l'Église, les grands, le peuple, 481-1514 (dir. avec Serge Berstein et Michel Winock), Éditions du Seuil, 2002 ; coll. Points Histoire, 2006.

GUERRE, ÉTAT ET SOCIÉTÉ À LA FIN DU MOYEN ÂGE. Études sur les armées des rois de France, 1337-1494, 2 vol., Éditions de l'EHESS, 2004.

PAGES D'HISTOIRE MILITAIRE MÉDIÉVALE. XIVᵉ-
XVᵉ siècles, Académie des Inscriptions et Belles-Lettres/De Boccard,
2005.

HISTOIRE DE LA DIPLOMATIE FRANÇAISE. I. Du Moyen
Âge à l'Empire (avec Françoise Autrand et Lucien Bély), Perrin, coll.
Tempus, 2007.

DÉFENDRE SES DROITS, CONSTRUIRE SA MÉMOIRE. Les
chartriers seigneuriaux, XIIIᵉ-XXIᵉ siècle (dir., avec Laurent Vissière),
Société de l'Histoire de France, 2008.

Philippe de Mézières, UNE EPISTRE LAMENTABLE ET CON-
SOLATOIRE ADRESSÉE EN 1397 À PHILIPPE LE
HARDI, DUC DE BOURGOGNE, SUR LA DÉFAITE DE
NICOPOLIS (1396), éd. (avec Jacques Paviot), Société de l'Histoire
de France, 2008.

HOMMES ET TERRES DU SUD. Structures politiques et évolution
des sociétés, XIᵉ-XVIIIᵉ siècle (dir.), Éditions du CTHS, 2009.

JEANNE D'ARC. Histoire et dictionnaire (avec Olivier Bouzy et Xavier
Hélary), Robert Laffont, 2012.

Composition Nord Compo
Impression Maury-Imprimeur
45330 Malesherbes
le 2 mai 2013.
Dépôt légal : mai 2013.
Numéro d'imprimeur : 181768.

ISBN 978-2-07-045084-8. / Imprimé en France.

248453